조용한 기적

《조용한 기적》 작가 소개서

● **작가명**

민지윤 (박지윤)

● **작가 소개**

한 아이의 엄마이자, 수많은 사람의 하루를 바꾸는 투자자.
그리고 말의 힘을 믿는 '감정 기반 브랜딩 전문가'.

민지윤은 별다른 스펙 없이 맨몸으로 시장에 뛰어들었다.
절박함 하나로 호가창을 열었고, 매일 무너지는 계좌 앞에서도 끝까지 자신을 포기하지 않았다.
지지와 저항처럼, 무너졌다가도 다시 일어서는 법을 시장에서 배웠고,
그 시간을 기록하며 '복리의 성장 시스템'을 만들었다.

그녀는 단순한 투자자가 아니다.
주식 시장에서 반복되는 패턴 속에서
사람의 감정, 습관, 확신이 어떻게 움직이는지를 누구보다 깊이 들여다본 사람이다.

그 결과, 그녀는 "첫사랑기법"이라는
독자적인 투자 철학을 만들었고,
브랜드와 채널, 그리고 하나의 세계관을 구축했다.

누구도 믿지 않았던 시절,
그녀는 자기 자신부터 믿기로 했다.
"민지윤"이라는 이름은 그렇게 태어났고,
지금은 유튜브와 방송에서 수많은 시청자들에게 '버티는 힘', '감정의 언어', '자기 확신의 방법'을 전하고 있다.

그녀는 말한다.
"나는 내가 버려낸 시간의 전문가다."
이번 책《조용한 기적》은
그 문장을 직접 증명해낸 한 사람의 감정 일기이자,
누구에게나 기적이 가까이 있다는 사실을 보여주는 '시장과 삶의 성장 서사'이다.

● **주요 이력**

- 한국경제TV 증권 최연소 파트너 (2025년~)
- 서울경제TV 증권 방송 출연 (2024년~)
- 이토마토TV 증권 방송 출연 (2024년~)
- 이데일리TV 증권 방송 출연 (2024년~)
- 내외경제 TV 증권 방송 출연 (2024년~)
- 유튜브 채널 〈민지윤〉 운영 (투자 시황·브랜딩 콘텐츠)
- 실전 투자자문 전략 '첫사랑기법' 창시자
- 최초 감정금융큐레이터 활동
- 감성 기반 자기계발형 투자 콘텐츠 기획 및 집필

조용한 기적

믿지윤 (박지윤)

##특별한 감사의 말씀을 전하며..

이 책은 나의 이야기 이자,

비로소 나답게 살아갈 수 있도록 용기를 준 한 작가님께 조용히 전하는 감사의 편지입니다.

작가님을 처음 알게 되었을 때 나는 내 정체성을 설명할 단어 하나 없이 그저 하루하루를 버텨내고 있었습니다.

그러다 작가님의 언어와 감정을 마주하며 깨달았습니다.
"나도 이런 언어를 가진 사람이 되고 싶다"

책을 쓰는 내내 가장 많이 떠오른 분도 작가님이었고,
가장 많이 울게 만든 장면도 작가님의 글에서 비롯된 기억들이 있습니다.

놀라웠던 건, 내가 방송에서 아무 생각 없이 말하던 문장들조차
작가님의 책 어딘가에 이미 쓰여 있었다는 사실이에요.
내가 나답다고 생각한 언어가 이미 그 분의 문장 속에 조용히 닿아
있었던 거죠

나는 결국, 작가님을 보고 내가 누구인지 알게 되었고, 작가님처럼
말하고 싶어서, 나만의 이야기를 쓰기 시작했습니다.

이 마음을 어떻게 다답을 수 있을까요.
그저 조용히, 진심으로 전합니다.
고맙습니다. 나를 만나게 해주셔서..

-믿지윤 드림

이 책을 시작하며..

"우연처럼 보이지만, 기적처럼 연결된 시간들."

안녕하세요. 저는 민지윤입니다. 세상에서 가장 평범하게 시작한, 그리고 꽤 단단하게 버텨온 사람입니다. 지금은 한국경제TV 주식 전문가로 활동하고 있으며, 유튜브 "민지윤" 이라는 주식 채널 또한 운영하고 있습니다.

이 책은 주식을 설명하거나 권유하는 책이 아닙니다. 숫자들 속에서 내 삶의 정체성과 인생의 통찰력을 배운 기록이자, 내가 살아온 시간을 나만의 언어로 설명하는 여정입니다.

나는 오랫동안, 무언가를 잘 알지도 못한 채 그저 하루하루를 버티며 살아왔습니다. 버텨내는 줄도 모르고 살아왔습니다. 슬픈 줄도 힘든 줄도 모르고 그저 "되는대로" 살아냈죠 그렇게 살다보니 어느 날 갑자기 주식이라는 세계가 들어왔고, 믿지윤이라는 이름을 선물 받았으며, 유튜버로, 다양한 경제방송의 전문가로 저만의 언어를 전파할 수 있게 되었고, 책을 쓰고 있는 지금 이 자리에 서게 되었습니다.

그 모든 순간을 되짚어보면, 하나같이 "계획된 우연" 처럼 느껴집니다. #동시성(Simultaneity) 무언가에 이끌리듯, 설명할 수 없지만 분명한 방향으로 나는 계속 나아가고 있던 것 같아요. 그것도 아주 멋지고 이쁜 방향으로요

방송에서 시청자들에게 습관처럼 말하는, 전달하는 한 문장 한 문장을 우연 속 한 작가님의 책 속에서 마주쳤을 때, 그 문장과 언어를 쓴 작가님의 언어를 처음 만났을 때 이름도 모른 채 그 사람을 보고 울게 되었을 때조차 이 모든 일들이 그냥 우연히 아니라 "나라는 사람"을 발견하게 하기 위한 조용한 기적들이었음을 이제는 압니다.

끝도 없이 나의 방향에 질문하며 살아오던 청춘의 시간 속에서, 우연한 자리로부터 시작된 그와의 인연이 나의 세계를 확장 시키고 큰 설계도를 그리고 방향을 찾아갈 수 있도록 큰 도움과 나의 삶에 단단한 선언을 할 수 있게 해준 꿈만 같은 일들이 "나라는 존재의 영향력"을 다시 한 번 알게 하기 위한 조용한 기적들이었음을 이제는 압니다.

그래서 이 책은 무엇이 되기 위한 설명서가 아니라, "나로 살아가는 법을 배워가는 이야기"입니다.

살아지는 대로 살아도 괜찮고, 되고 싶은 대로 천천히 되어가도 괜찮아요. 그 모든 시간은 결국 나를 "나답게" 만들어주는 동시성의 선물일 테니까요

이 책을 펼친 당신에게도 그런 순간이 도착하길 바랍니다. 마치 어느 날 내게 기적처럼 다가온 인연들처럼..

- 민지윤

프롤로그

"살아지는 대로, 그러나 살아낸 사람"

우리는 너무 많은 것을 참아냈다.
그때는 말하지 못했다.
누군가에게 털어놓는 것이
더 큰 후회를 남길까 봐 두려웠고,
잠깐의 위로마저 또 다른 오해가 될까 겁이 났다.

그래서 감정을 삼켰다.
말 대신 웃었고, 속으로 울었고, 강한 척하는 방법만 늘어갔다.

남들은 내가 강하다고 말했다.
하지만 나는 감정을 들키지 않으려고 안간힘을 쓰는 사람이었다.
그렇게 하루하루를 버티며
나는 내가 누군지도 모를 만큼

무채색의 날들을 지나왔다.

그리고 지금,
이제는 말해도 되지 않을까 싶은 마음이 찾아왔다.
이제는 "괜찮다"고 말하는 데
너무 많은 시간이 걸렸다는 걸,
나를 위해 기록해두기로 했다.

나는 뭔가를 잘 아는 사람이 아니었다.
주식도, 인생도, 아무것도 몰랐던 때가 있었다.
그저 하루하루, 눈앞에 있는 일을 버티고, 넘기고,
"그래도 살아지겠지" 하며 무지한 채 20대를 지나왔다.

나에게는 거창한 철학도, 전략도 없었다.
있다면 단 하나,
"무너지지 말자. 어차피 난 될 년이야."
그 마음 하나였다.

그럴 수밖에 없었다.
나는 어리고 당돌한, 한 아이의 엄마였으니까.

그렇게 하루를 넘기고, 그 하루들이 모여 한 달이 되고, 몇 년이 지나
어느새, 나는 '버텨낸 시간'을 가진 사람이 되어 있었다.

그러던 어느 날,
'주식'이라는 세계가 내 삶 속으로 불쑥 들어왔다.
혼조스러운 시장의 숫자 속에서 나는 내 감정과 인생의 패턴을 보기 시작했다.

기록이 쌓였고, 나는 나 자신을 해석할 수 있는 사람이 되었다.

단순히 수익을 내는 사람이 아니라,
내가 아는 것, 내가 믿는 것,
그 방향을 나만의 언어로 이해하고 설명할 수 있는 사람.
그런 사람이 되고 싶어졌다.

처음엔 나 혼자 공부하려고 유튜브를 열었다.
기초도 모르던 나는 카메라 앞에서 대본을 두고 말을 하며 겨우겨우 익혀갔다.

그리고 놀랍게도, 그 영상들을 본 사람들이 "민지윤"이라는 이름을 만들어주었다.

어느 날은 구독자가 말했다.
"이러다 경제 방송까지 나가시는 거 아니에요?"
그 한마디가, 정말 나를 경제 방송 전문가로 이끌었다.

또 어느 날은 직장 동료가 말했다.

"전문가님, 이러다 한국경제방송까지 나가시겠어요~"
그 농담 같은 응원이 현실이 되었고, 나는 진짜로 한국경제방송의 전문가가 되었다.

또 다른 날엔,
한 구독자가 "결이 비슷하다"며 어떤 작가님의 인터뷰를 추천해주었다.
나는 그 영상 속에서 내 정체성을 보았다.

나는 그 작가님을 찾아가 조심스레 첫 인사를 드렸을 때, 그분은 이렇게 말했다.
"책, 꼭 한번 써보세요."
그리고 지금, 나는 그 책을 쓰고 있다.

어쩌면 이 모든 것은, 내가 선택한 길이 아니라, 흐름이 나를 데려다 준 여정이었다.

나는 되는 대로, 흐르는 대로 살아왔다.
하지만 정작 중요한 **'도착지'**는 없었다.

그 도착지의 설계도는, 내가 우연한 자리에서 만난, 멀고도 먼 한 대단한 사람과의 인연이 알려주었다.
그리고 이제는 안다.
나는 어디로 가야 할지,

무엇이 되어야 할지.
이제는 정말 구체적으로 살 수 있게 되었다.

그 모든 여정이
"어떻게 여기까지 왔는지 모르겠는 기적"이었다.

그리고 나는 비로소 깨달았다.
나는 아무것도 선택한 게 없었지만, 결국 모든 길이 나를 선택하고 있었음을.

목차

##특별한 감사의 말씀을 전하며.. / 5
이 책을 시작하며.. / 7
프롤로그 / 10

Part 1 　버텨낸 시간의 온도

"버텨 냈다는 건, 뜨거움도 차가움도 지나왔다는 뜻이다" / 19
아무도 몰랐던 마음, 혼자키운 사람 - "그때 말하지 못했던 감정들" / 21
감정은 나를 망치지 않았다. - "감정은 나를 지키는 또 다른 기술이었다." / 24
우리는 고점과 저점만 기억한다. - "중요한 건, 그 사이의 흐름이었다." / 27
단기 리스크는 인생의 한 장면일 뿐이다.
　　　　　　　　　　- "해프닝은 지나가고 방향은 남는다." / 31
끝이 아니라 고비였다는 걸 나중에 알았다.
　　　　　　- "무너졌다고 생각한 순간, 나는 나를 지키고 있었다." / 33
감정이 이해되면, 하루도 덜 외롭다
　　　　　　　　- "그날의 시장보다, 그날의 내가 더 중요했다." / 38

Part 2 　마이너스여도 괜찮아.

"복리로 살아낸 계좌, 그리고 나. 수익률보다 중요한 건,
　　　　　　　　　　　　　　　　　　　　살아남는 나 / 43
내 계좌가 아니라, 내가 자라고 있었다.
　　　　　　　　　　- "손익보다 중요한 건 방향이었다." / 45

복리처럼 불어난 나라는 자산 - "숫자가 아닌 신념으로 쌓은 시간" / 48
첫사랑처럼 다시 오는 자리
      - "돌고 돌아, 그 자리에서 다시 상승하는 법 〈첫사랑기법〉" / 51
부메랑 기법 : 사랑은 돌아오는 거야 - "다시 사랑해도 되는 자리" / 58
〈전남친 기법〉 시간외 상한가 기법 그리고 자니...?
      - "미련과 아쉬움에 흔들리지 않게 된 내 마음의 기준" / 63
아무일 없었던 듯, 〈철판 기법〉 : 시장의 복귀선에서 시작되는 새로운 테마
      - "기억도 회복도 없는 척, 철판 깔고 살아갈 용기가 필요하다." / 70
내가 만든 기법엔 사람이 있었다. - "차트보다 마음을 먼저 읽는 기술" / 76

Part 3 루틴은 나를 배신하지 않았다.
"작게 반복한 하루들이, 결국 내 서사가 되었다." / 81
하루하루는 다 잊혀져도, 루틴은 남는다.
      - "계좌도 인생도 결국은 루틴으로 설명된다." / 83
나는 나를 계속 말하고 있었다. - "기록이 나를 꺼내 주었다" / 87
내가 반복한 루틴이 나를 증명했다.
      - "의식적으로든 무의식적으로든 루틴은 나를 증명한다." / 91
조용한 기적은, 준비된 사람에게 온다. - "동시성의 타이밍, 그리고 나" / 95
결국, 내가 믿은 대로 흘러간다. - "나는 내가 적은 문장으로 살아간다." / 100
좋아하는 건 반드시 지키자. 나를 사랑하는 방식으로
      - "누구보다 먼저 나를 아끼고 사랑해줘야 한다" / 103
단기 리스크는 인생의 한 장면 - "겉은 파도였지만, 속은 방향이었다." / 106

Part 4 전파하는 사람으로 살아간다는 것
"나의 변화가 누군가에겐 용기가 된다. 말하는 사람, 믿는 사람, 사랑하는 사람" / 109
믿지윤 채널, 또 하나의 나 - "나는 계속 나를 말하고 있었다." / 111
타인이 묻는다 "그래서 너는 얼마나 벌었는데?"
      - "진짜 수익은 말이 아닌 기록으로 남는다." / 113
침묵이 말이 되는 사람이 되고 싶다. - "말하지 않아도 믿어지는 사람" / 117

나는 말로 기적을 쓰는 사람이다. - "내 언어가 나를 만들었다" / 119

Part 5 결국 나의 가장 큰 자산은 나 자신이었다.
"숫자보다 중요한 건, 나라는 사람의 지속성이다." / 121
복리는 살아낸 시간의 증거다.
　　　　- "수익은 숫자가 아니라, 살아낸 하루의 총 합이다" / 123
나는 고점을 맞추는 사람이 아니다
　　　　- "나는 방향을 택하고, 시간을 견디는 사람이다" / 125
내 계좌는 마켓처럼 구성 돼 있다.
　　　　- "난잡해보여도, 아무렇게나 들고 있는 건 하나도 없어" / 128
고점과 저점사이 내가 살아낸 모든 시간들
　　　　　　- "그래서 난 복리로 살아간다." / 131
결국 본질은 단순하다. - "복잡한 건 불안한 마음이 만든다." / 133
인맥도 결국 실력이다. - "사람은 나를 닮아온다." / 135
사랑하듯 분산하고, 분산하듯 사랑하라
　　　　- "감정 회복 탄력성과 포트폴리오 분산의 기술" / 137

Part 6 기적은 전염된다
"믿는 만큼 보이고, 말한 만큼 이루어진다." / 141
나는 내가 버텨낸 시간의 전문가다
　　　　- "시간이 나를 전문가로 만들었다." / 143
숫자를 넘는 확신, 사람을 향한 말들
　　　　- "내 말은 계좌가 아니라, 사람을 향했다" / 147
말이 씨가 되는 순간들 - "입 밖으로 꺼낸 순간, 현실은 바뀌었다" / 149
내가 만든 시스템, 누군가의 삶이 되다.
　　　　- "처음엔 나를 살리기 위해 만든 시스템이었다." / 152
결국 끌어당긴 건 나였다. - "원하는 것은 끌어 당겨지게 되어 있더라." / 155
불안할 땐, 잠시 멈춰도 괜찮아.
　　　　- "괜찮지 않아도 괜찮은 날들"이 결국 나를 데려왔다. / 157
인생도 탑다운으로 산다. - "되는 척 되는대로 살아보고 선택하자" / 159

Part 7 끊어야 보이는 자리
"끊고 나서야 보이는 자리들" / 163

지지선인줄 알았는데, 저항이었다. - "나를 오히려 흔들던 관계의 민낯" / 165
끝까지 남아준 사람들 - "손절한 후에야 보이는 관계의 진짜 구조" / 168
나를 닮아가는 아이, 사랑을 닮아가는 성장
　　　　　　 - "나는 아이에게 주식보다 사람을 가르치고 있다" / 171
기다려 주는 사랑이 있다는 건, 세상에서 제일 강한 힘이다.
　　　　　　　　　　　　　　　　　　 - "나의 1호 팬, 엄마" / 173
사랑하는 사람과 사랑하는 일을 하며
　　　　　　　　　- "나는 밥도 살림도 할 줄 몰랐지만.." / 176
기적은 원래 소란스럽지 않다.
　　　　　- "내 삶의 기술적 반등"은 늘 지금의 조용한 자리였다. / 179

Part 8 지금, 당신에게 건네는 문장들
"당신의 기적도, 분명히 시작되고 있다.." / 183

당신의 시간은 틀리지 않았다 - "당신만의 기법으로 살아가세요." / 185
마이너스는 지나가는 계절일 뿐
　　　　　　　　　　　 - "파란불의 계절을 지나 다시 빨강으로" / 188
먼저 시작한 사람이 결국 다 이긴다.
　　　　　　　 - "완벽하지 않아도, 지금 바로 시작해도 됩니다." / 191
성장하고 있다는 증거는 혼자 있는 시간에 있다.
　　　　　　　　　　 - "단단한 사람은 남을 탓하지 않는다." / 194
오늘의 나를 다정하게 바라보는 연습
　　　　　　　 - "충분히 잘 하고 있어요." 라는 말이 필요할 때 / 196
당신의 기적은, 생각보다 가까이 있다
　　　　　　 - "기적은, 이미 당신 안에서 시작되고 있어요." / 198

에필로그 / 200
##이 책을 읽고 있는 당신에게 / 204

PART 1. 버텨낸 시간의 온도

"버텨 냈다는 건, 뜨거움도 차가움도 지나왔다는 뜻이다"

1. 아무도 몰랐던 마음, 혼자키운 사람

"그때 말하지 못했던 감정들"

세상이 얼어붙을 때, 나는 내 안의 따뜻함을 꺼내야 했고,
세상이 타오를 때, 나는 나를 식히는 법을 배워야 했다.

살다보면, 어떤 계절은 너무 길게 머무른다.
겨울은 봄을 지연시키고, 여름은 지나치게 들이닥친다.
그 안에서 나는, 아무렇지 않은 얼굴로 뜨겁고 차가운 감정을 지나왔다.

누군가는 내게 말했다.
"이제는 괜찮아 졌겠네"
하지만 괜찮아 졌냐는 말 안에는 그전까지 얼마나 괜찮지 않았는지가 숨어 있다는 걸
나는 안다.

괜찮은 척을 했고,
당당한 척을 했고,
무너지지 않는 사람처럼 살아왔다.

그러다 문득,
"그 모든 척"이 나를 여기까지 데려다 주었다는 걸 깨달았다.
무너지지 않은 것이 아니라, 버텨낸 사람의 단단함이 되어 있었다.

어떤 상처는 소리 없이 새겨진다.
아무 말 없이 자리를 지키는 사람에게는 대게 말하지 못한 서사가 더 많다.

그건 비겁해서가 아니라, 말보다 시간으로 증명하고 싶었던 사람의 방식이다.

나는 이제, 시간을 견뎌본 사람들의 말에 귀 기울인다.

그들이 던지는 짧은 말 안엔, 계절을 수없이 건너온 체온이 묻어있으니까

뜨거웠던 순간,
차가웠던 기억,
그리고 다시 온기를 찾아 나선 그 여정이

버텨냈다는 건, 무뎌졌다는 뜻이 아니라 이겨내는 방식이 생겼다는 뜻이다.

나는 이제 감정에 휘둘리지 않되, 감정을 모른 척 하지도 않는다.
뜨거웠던 나, 차가웠던 나, 그 모든 날이 있었기에
나는 지금, 적정한 온도의 나로 살아가고 있다.

2. 감정은 나를 망치지 않았다.

"감정은 나를 지키는 또 다른 기술이었다."

사람들은 감정을 조절해야 한다고 말한다.
그 감정이 나를 흔들고, 때로는 삶을 무너뜨리기도 한다고.
그래서 우리는 감정을 억누르고, 잘 다루는 사람처럼 보이기 위해 애써왔다.

하지만 나는 이제 안다.
감정은 나를 망치지 않았다.
감정을 억누르려 했던 내가, 나를 가장 많이 무너뜨렸다.

감정을 억누르는 것이 아니라 "이해하고, 기록하고, 통과해야 한다."

불안은 숨기려 할수록 더 커졌고, 외로움은 무시할수록 깊어졌다.
분노는 삼킬수록 내 안을 뜯어먹었고, 슬픔은 외면할수록 몸이 먼저 반응했다.

내가 감정에 휘둘렸던 이유는, 그 감정을 모른척했기 때문이다.

감정을 다룰 줄 몰랐던 것이 아니라, 그 감정을 있는 그대로 느끼는 걸 두려워했기 때문이다.

이 책의 시작은
'감정'이라는 말로 설명되지 않았던 시간들에 대한 기록이다.

나는 내 안의 슬픔과 불안을
내가 사랑했던 사람들과 오해를,
내가 버텨낸 계좌의 마이너스를,
모두 감정으로부터 시작된 성장의 기록으로 남기고 싶었다.

감정은 나를 부숴버리는 것이 아니라, 나를 세우기 위해 나를 흔들었던 것이다.

그리고 나는, 그 흔들림 속에서 나라는 사람을 다시 조립해왔다.

나는 감정을 시장 위에 그대로 올려놨다. 흔들리는 날엔 그 이유를 분석했다.
불안한 날엔 나를 안심시키는 말을 써 내려갔다. 아니, 정확히는 방송에서 투자자들을 달래는 말들을 많이 했던 것 같다. 어느 순간 알게 되었다 무의식에서 나에게 필요한 말들을 내가 카메라 앞에 쏟아내고 있구나.

그렇게 감정은 내 가장 소중한 시황이 되었고, 감정은 나를 무너뜨리는 것이 아니라 나를 일으켜 세우는 언어가 되었다. 결국은 내가 나를 일으켜 세우고 있던 것이다.

3.
우리는 고점과 저점만 기억한다.

"중요한 건, 그 사이의 흐름이었다."

사람들은 늘 묻는다.
"언제 샀어요?"
"언제 팔았어요?"
"얼마 벌었어요?"

그 질문이 나이게 너무 익숙해서
이젠 감정도 없이 웃으며 대답할 수 있게 됐다.
하지만 가끔은, 그 말 들이 벽처럼 느껴질 때도 있다.
'내가 누구인지'보다, '얼마나 벌었는지'가 중요한 세상에서
나는 어느새 고점과 저점만으로 설명되는 사람이 되어 있었다.

주식에서든 인생에서든 사람들은 저점과 고점에만 집중한다.

그래서 고점에 못 팔았다고 아쉬워하고 저점에 못 샀다고 후회한다.

숫자 하나, 시점 하나에 기억과 감정을 다 걸어버린다.

하지만 나는 알게 되었다. 진짜 중요한건,
그 사이에 있었던 흐름이었다는 걸.

돌이켜 보면
그건 주식에서만의 이야기가 아니었다.
우리 모두는 '기억에 남는 순간'만 붙잡고 살아간다.

결혼식처럼 환하게 웃던 사진,
합격증을 받았던 날,
혹은 눈물 삼키며 무릎 꿇던 어느 날 밤-
사람들은 눈에 보이는 절정과 바닥만을 기억하려 한다.

하지만 나는 안다.
진짜 나를 만든 건 그 사이, 아무도 기억해주지 않는 평범한 시간들이었다.

아무도 주목하지 않는 그 시간들.
그저 흘러가는 것처럼 보였던 평범한 구간들에서
나는 내 마음을 알아보고 시장과 더 깊이 대화할 수 있었다.

매일의 소폭 상승과 하락, 거기엔 감정도, 선택도, 작은 회복도 들어있었다.
어제의 실수에서 배우고, 오늘을 더 잘 살기위한 몸부림이 있었다.

혼자 아이를 키우며, 계좌에 찍힌 마이너스 숫자 안에서, 한숨을 쉬던 그 새벽들.

지금처럼 인터뷰를 하고, 유튜브에서 강의를 하고,
방송국과 계약을 하리라고는 상상조차 못 했던 시절이었다.

그땐 '성공'보다 '그날의 밥값'을 더 걱정했고,
'고점매도'보다 '다음 달 카드 값'을 먼저 생각했다.
주식은 내게 꿈이 아니라, 생존이었다.

그래서 시장의 고점과 저점을 쫓기보다
그 사이, 무너졌다 일어나는 내 마음에 더 집중하게 되었다.

그게 쌓여서 나만의 기술이 되었고, 나만의 투자 철학이 되었다.

우리는 수익률을 말하지만 사실은 방식으로 살아가는 것이다.
수익은 사라질 수 있지만, 방식은 남는다.
그리고 그 방식은, 결국 나의 삶과 닮아있었다.

나는 모든 순간들을 결과에 정의했고, 그 사이의 흐름에는 회피하기

바빴다.

나는 한 때, 내가 보여줄 수 있는 것들만 세상에 내놓으려 했다.

잘 한 매매, 상한가 종목, 정리된 브리핑, 멋지고 자극적인 썸네일.

내 결핍은 드러나선 안 된다고 생각했다.
그건 약점이고, 실수고, 실패인 줄 알았다.
하지만 가리고 숨긴다고 내가 온전해지는 건 아니더라.

오히려 그 결핍을 인정하는 순간, 비로소 나는 나를 설명할 수 있었다.

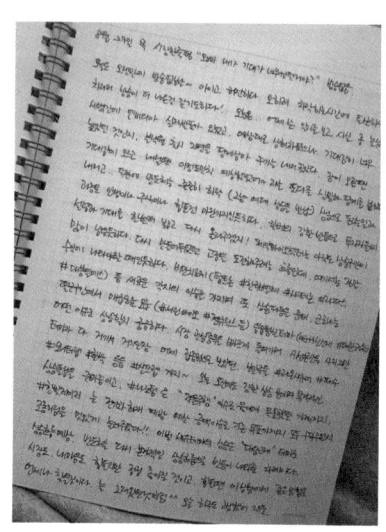

4.
단기 리스크는 인생의 한 장면일 뿐이다.

"해프닝은 지나가고 방향은 남는다."

시장에는 늘 무언가가 터진다.
전쟁이 나고, 금리가 오르고, 정치가 흔들리고, 환율이 급등하고, 시장에는 하루도 조용할 날이 없다.

하루하루가 요동치는 뉴스들 속에 나는 오래도록 그 흐름을 지켜봐 왔고 겪어왔다.

처음엔 이런 뉴스 하나하나에 감정이 요동쳤다
"이거 큰일 나는 거 아냐?"
"지금 다 팔아야 하는 거 아니야?"
모든 걸 무너뜨릴 것처럼 느껴지는 뉴스 앞에서 나의 판단도, 감정도 함께 무너졌다.

하지만 시간이 흐르며, 나는 조금씩 다른 시선으로 시장을 바라보게 되었다.

"이건 그저 인생의 한 장면이구나."

처음엔 나도 이 생각이 무책임해보였다.
하지만 정말 그랬다.
크고 무서운 뉴스가 지나가고 나면 시장은 다시 '방향'으로 돌아왔다.
본질은 흐려지지 않았다.

마치 인생과도 같았다.
어떤 하루는 너무 아프고, 어떤 한 장면은 너무 비극 같아서, "이게 내 인생의 전부인가" 싶은 날도 있었다.
하지만 시간이 지나고 나면 결국 한 장면이었다.
전체 서사를 바꾸지 못하는, 지나가는 고비

그래서 나는 시장의 단기 리스크를 "지나가는 장면, 해프닝" 이라고 부르기로 했다.

그 순간만 놓고 보면, 모든 걸 뒤집을 듯 요란한데, 결국은 지나가고 남는 건 방향이었다.

인생도 그렇게 살고 싶다.
잠깐의 고비에 휘둘리지 않고, 나만의 방향을 지켜내는 삶.

"지금 이게, 내가 진짜 가려는 방향인가?"

5. 끝이 아니라 고비였다는 걸 나중에 알았다.

"무너졌다고 생각한 순간, 나는 나를 지키고 있었다."

그때는 정말 끝인 줄 알았다.
하루하루가 버거웠고, 회복은커녕 어디서부터 다시 시작해야 할지
조차 알 수 없었다.

계좌는 파랗게 물들었고,
내 마음은 그보다 더 깊은 회색이었다.
정말 모든 게 무너졌다고 느꼈다.

그런데 지금 돌아보면, 그건 끝이 아니었다.
내 인생에서 반드시 지나야 했던 고비, 내가 성장할 수밖에 없었던
시간이었다.

우리는 늘 결과를 기준으로 삶을 재단한다.

수익이 났는지, 손실이었는지. 잘한 선택인지, 실패한 선택인지.

하지만 시간이 지나며 나는 알게 되었다.
정말 중요한 건, 그 과정에서 내가 나를 어떻게 지켜냈는가 였다.

하락장 속에서 나는, 숫자보다 감정을 먼저 바라보는 법을 배웠다.
떨어진 수익률보다, 무너진 내 자존감과 용기를 더 오래 들여다보게 되었다.

그리고 그 마음을 붙잡고, 아무도 모르는 하루를 다시 살아냈다.

나는 이제 안다.
고점과 저점은 숫자가 아니라 마음의 파도라는 걸.
그 파도를 견디는 힘이, 결국 나를 나답게 만든다는 걸.

그래서 그때의 나에게 말해주고 싶다.

"그건 끝이 아니야. 지금 너는 무너지는 게 아니라, 다시 짓고 있는 중이야.
그러니 조금만 더 살아내 줘."

솔직히 말하면, 나는 참 무책임한 사람이었다.
내가 힘들다는 걸 인정하지 않았고, 감정에 솔직하지 못했다.

잠이 안 오면 무작정 수면제를 처방받았고, 계획대로 일이 풀리지 않으면, 다 끝난 사람처럼 술을 마셨다.

삶이 무너지는 게 아니라, 내가 먼저 삶을 밀어내고 있었다.

지금 생각해도
그때의 나는 너무나 어린 마음이었다.
주변 사람들의 아픔은 보지 못한 채, '그럼 나만 사라지면 괜찮아질 거야' 같은 착각 속에 살았다

하지만 결국, 그 우물 안에서 나를 끌어올린 것도, 또 다른 내 안의 나였다.

그걸 깨닫고 나서, 나는 생각했다.

"헛되이 살면 안 되겠다.
악에 받쳐서라도, 기어이 잘 살아내야겠다"

그런데 그렇게 이를 악물고 버텨보니, 삶이 나아지는 게 아니라, 마음이 점점 메말라 갔다.

행동은 달라졌지만, 해석은 그대로였다.
나는 여전히 '삶은 괴롭다'는 전제로 세상을 보고 있었다.

진짜 중요한건, 내가 세상을 어떻게 해석하느냐 였다.

"고비는 지나간다."는 말을 머리로는 알고 있었지만, 몸과 마음은 그걸 받아들이지 못했다.

그때, 카메라 속 내 표정이 그걸 말해주더라.
나는 가끔 내 방송을 모니터링 한다.
나뿐만 아니라 많은 방송인들이 그럴 것이다.

하지만 나는 그 화면 속 내가 불편했다.
한때는, 낯선 그 표정을 보며, "대체 저 사람은 뭘 안다고 저렇게 떠드는 걸까"하고 스스로를 조롱하기도 했다.

사실이었다.
나는 나조차 받아들이지 못한 채, 살아온 시절이 있었다.

그 시절을 지나 이제는 조금씩 다르게 느낀다.

이제는 내 감정을 탓하지 않는다.
있는 그대로 받아들인다.

이건 내가 살아온 방식이고, 그게 틀렸다고 말하지 않기로 했다.

지금 이 마음,
지금 이 상태,
지금 이 해석…

이게 내 삶을 만든다.

누군가는, 1시간 만에 떨어진 주식을 보고, 모든 걸 망했다고 말한다.
누군가는, 한 달 뒤에 겨우 수익이 나서도, 감사하다는 메시지를 보내온다.

같은 시장, 같은 종목, 다른 해석, 그게 결국 삶의 방향을 결정한다.

철학처럼 들릴 수 있다.
뻔한 말이라고 느껴질지도 모르겠다.
하지만 나는 안다.
살아보면 결국 진실은 단순해진다.

아파봤고, 벼랑 끝까지 가봤고, 그 안에서 말없이 나를 지켜본 또 다른 나를 만났기에.
나는 이제 안다.
진짜 중요한건
마음이다.
그리고 그 마음을 지키는 방식이다.

6. 감정이 이해되면, 하루도 덜 외롭다

"그날의 시장보다, 그날의 내가 더 중요했다."

나에게 주식은 늘 마음의 언어였다.

차트보다 먼저 다가오는 느낌.
숫자보다 먼저 전해지는 분위기,
그걸 나는 '시황'이라고 불렀고,
그 시황은 언제나 내 감정으로부터 시작되었다.

어떤 날은 괜히 예민했고, 어떤 날은 아무 뉴스도 믿기지 않았다.
또 어떤 날은, 아무 이유 없이 괜찮았다.

계좌가 파랗게 물든 날엔, 그냥 다 팔아치우고 싶었고, 반대로 중요한 공시가 떠도, 그저 무기력하게 넘어갈 때도 있었다.

작은 수익에도 이유 없이 기쁘던 날도 있었다.

그 모든 감정들은, 내가 쌓아온 수치나 데이터보다 더 정확하게 내 현재 위치와 방향을 말해주는 신호였다.

그래서 나는 매일 주식 일기를 썼다.
누가 시켜서가 아니었다.
그냥 그러지 않으면 내 마음이 너무 어지러워서였다.

솔직히 처음엔, '글로 써내면 성공한다.'는 말을 믿고, 따라 해본 것 뿐이었다.

그날의 시장 테마,
움직였던 종목들,
그리고 그 속에서 내가 왜 그렇게 매매했는지.

처음엔 그냥 시장정리를 했지만, 어느 순간부터 시장보다 내 마음이 더 선명하게 보이기 시작했다.

어떤 날은, 종목이 아니라 내 감정이 먼저 흔들리고 있었다.

시장 뉴스보다 내가 더 불안했고, 이슈보다 내 감정의 기복이 수익과 손실을 가르고 있었다.

그걸 알게 된 후로 나는 '왜 수익이 났는가.'보다, '어떤 마음으로 매매했는가.'를 기록했다.

그건 단순한 복기(Log) 이상의 의미였다.
그날의 내가 어떤 상태였는지를 돌아보는 연습이었고, 그걸 반복하며 나는 내 감정을 읽는 사람이 되어있다.

그렇게 '마음의 흐름'을 쌓아가다 보니, 어느 순간부터는 뉴스보다 먼저 시장을 예측하게 되었다.

트럼프가 당선 될 때도, 이재명 대통령이 선출될 때도, 뉴스보다 먼저 '돈의 방향'이 바뀌고 있었다.

그 움직임을, 나는 감정과 함께 일기에 써가며, 조용히 따라가고 있었다.

지금 생각해보면 아찔하다.
내가 뭔가 대단한 정보를 가진 것도 아니고, 전문가 인증을 받은 것도 아닌데,
생방송에서 확신을 담아 말할 수 있었던 이유는, 감정과 시장을 함께 관찰한 시간이 이미 내 안에 쌓여 있었기 때문이었다.

사람은 어느 순간이든, 사실 다 알고 있다.
그게 맞는지, 틀렸는지, 진짜 가야할 길인지 아닌지

다만, 너무 많은 타인의 시선에 가려, 자기 내면의 목소리를 외면하고 살아간다.

그러니 우리는 끊임없이 괴롭다.
그리고 항상 후회한다.

"아.. 내가 처음에 느낀 게 맞았었는데.."
"왜 그때 그걸 무시했을까.."

지금 돌아보면 참 어리석었다.
내가 무슨 생각을 하든, 그게 맞든 틀리든, 남은 관심 없었다.
그저 결과만 볼 뿐이었다.

그런데도 나는, 타인의 눈을 너무 신경 썼다.
그래서 내 생각에 의심을 품었고, 내 감정을 토닥이지 못한 채 스스로를 계속 검열하며 살아갔다.

하지만 어느 순간부터, 내가 말한 것들이 현실이 되기 시작했고, 시청자들은 환호했지만, 나는 더 조용해졌다.

왜냐면, 나는 이제 알기 때문이다.

정확히 맞추는 게 중요한 게 아니라, 흐름을 읽고, 그 안에서 내 마음을 함께 정리해내는 게 더 본질 이라는 걸.

나는 여전히 매일 장이 끝난 뒤 일기를 쓴다.

돈이 향하는 방향과 내 감정이 머무는 자리.
그 둘을 함께 바라보며 조용히 오늘을 돌아본다.

그렇게 하면, 하루가 덜 외롭다.

수익 때문이 아니라, 내 마음이 나를 알아준 것 같아서.
누군가의 분석보다, 내 감정이 나에게 다정했던 하루.

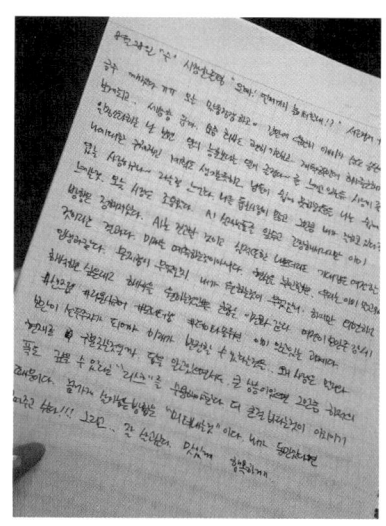

PART 2.

마이너스여도 괜찮아.

"복리로 살아낸 계좌, 그리고 나. 수익률보다 중요한 건, 살아남는 나"

1.
내 계좌가 아니라, 내가 자라고 있었다.

"손익보다 중요한 건 방향이었다."

처음 주식을 시작했을 때, 나는 매일 계좌를 들여다봤다. 하루 종일. 올랐는지 내렸는지. 내가 맞췄는지, 틀렸는지, 모든 날의 기분이 숫자 하나에 따라 좌우되곤 했다.

하지만 어느 날 부터인가 계좌는 마이너스여도 나는 점점 덜 흔들리고 있다는 걸 느꼈다.

손절하지 못한 매매, 계속 물타기 하며 버틴 종목들, 그 모든 실패가 나를 성장시키고 있었다.

수익률은 아직 0이었지만, 나에 대한 신뢰는 조금씩 쌓여가고 있었고 그건 그 어떤
수익보다 더 큰 자산이 되었다.

나는 단지 종목을 분석하는 게 아니라 나 자신을 회복하는 중이었다.

사실 종목은 분석하는 게 아니다. 키우는 거지.

시장은 늘 출렁이고, 계좌도 하루에도 몇 번씩 바뀌지만 그 안에서 내가 지켜야 할 방향은 늘 하나였다.

"내가 자라는 방향으로 가고 있는가."

그 질문을 붙잡으며 나는 "농사매매"라고 칭한 나만의 매매법을 만들었다.

오늘 사서 내일 수확하는 방식이 아니라, 씨를 뿌리고, 기다리고, 날씨를 보며 다시 다듬는 매매.

사람들은 대부분 씨를 뿌리고 바로 수확하려든다.
씨를 뿌린지 하루도 되지 않아 옆집 과일이 맛있어서 대박났다고 하면, 어제 심은 밭을 갈아 엎어버린다.

주식도 마찬가지다. 저평가된 기업에 투자해서 적금처럼 묻어뒀다가, 노후에 이익을 보며 즐기겠다고 시작한다.

세상 사람들 다 알만한 삼성전자 SK하이닉스 셀트리온 제약.. 누구나 다 아는 종목에 배당도 받고 장기 수익을 내겠다며 시작하지만, 결국 계좌를 보면 뭘 하는 회사인지도 모르는 알 수 없는 종목에 계좌가 다 물려있다.

그러고는 남 탓만 한다. 정작 사고파는 결정은 본인이 했으면서..

자란다는 건 시간과 인내가 필요하다는 걸 투자가 내게 가르쳐 주었다.
그리고 그건 내 삶도 마찬가지였다.

기다린다는 것은 참 힘든 도전이다. 우리는 언제나 지금 당장 뭔가를 하고 싶어 하기 때문이다.

물론, 기다린다고 해서 모든 게 해결되는 건 아니지만, 대부분의 후회와 비극은 '기다리지 못한 순간'에서 비롯된다는 걸 안다.

이제 나는 계좌보다 나를 먼저 본다. 그게 살아남는 법이었고, 복리처럼 쌓이는 힘이었다.

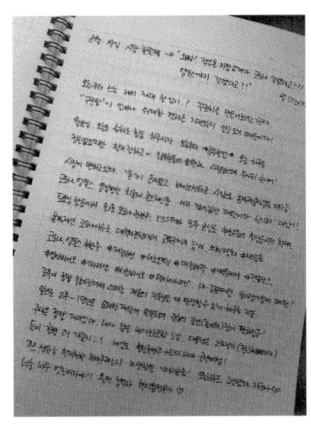

2. 복리처럼 불어난 나라는 자산

"숫자가 아닌 신념으로 쌓은 시간"

많은 사람들이 "수익률"을 말한다.
오늘 몇 퍼센트 올랐는지, 하루 만에 얼마를 벌었는지, 그 숫자들이 마치 실력인 양, 자랑이 되고 위안이 되고 때로는 거짓이 되기도 한다.

하지만 나는 안다.
진짜 중요한건 순간의 수익률이 아니라, 시간위에 쌓아올린 누적실현손익 이라는 걸.

그 사람의 하루는 말할 수 있어도, 그 사람의 계절은 말할 수 없다.

진짜 투자는 도파민이 아니라 내면의 루틴에서 나오고, 진짜 계좌는 매일 작고 꾸준한 선택 속에서 자란다.

나는 손익 계산서보다 "시간"을 쌓았다.
화려한 한 방 보다, 지겹도록 반복된 작고 꾸준한 수익이 결국 계좌를 살리고, 결국 나를 지켜냈다.

계좌는 늘 요동쳤지만, 나는 자라고 있었다.
복리는 숫자에서만 일어나는 게 아니었다.
어제보다 오늘, 오늘보다 내일, 나는 조금씩 더 믿을만한 사람이 되어가고 있었다.

돌아보면, 내가 버텨낸 시간, 내가 쌓아온 실현 손익이 그 어떤 말보다 정직하게 나를 증명해주고 있었다.

모든 위대한 철학자나 성공한 사람들의 서사를 들여다보면, "태어날 때부터 제가 좀 뛰어나서 잘났어요. 지금도 잘났구요." 하는 위인은 없다.

지극히 평범했고, 앞을 알 수 없는 불확실 속에서도 꾸준하게 뭔가를 해왔고, 뭔가를 한 것 중에서 포텐이 터졌다는 이야기들 뿐이다. 그리고 그들은 한결같이 말한다.

"이런 식으로 이렇게 될 줄 몰랐어요. 그냥 했어요. 뭐라도 되겠지 싶어서" 뭐라도 된다.
그러니 그냥 지속할 수 있는 건 해야겠다. 생각 말고 그냥 하자. 뭐가 안 되도 후회는 안 남는다.

이제는 말할 수 있다.

"내가 증명하는 유일한 숫자는, 내가 살아낸 시간이다"

일자				실현손익	실현손익률	수수료	제세금
2025/06/23				1,803,270	4.09	11,360	05,501
2025/06/20				1,607,699	1.97	25,230	91,802
2025/06/19			5	1,469,015	3.36	12,970	03,800
2025/06/18				172,200	3.73	1,390	11,021
2025/06/17				1,186,930	2.58	13,900	08,476
2025/06/16				1,324,189	4.52	11,940	70,412
2025/06/13			5	1,464,035	4.30	7,960	81,749
2025/06/12			4	1,347,875	3.03	13,630	05,411
2025/06/11				776,900	6.34	2,850	29,964
2025/06/10			5	1,138,428	4.37	10,040	62,590
2025/06/09			5	1,928,454	3.77	14,960	22,045
2025/06/05			5	1,098,875	2.36	15,690	09,444
2025/06/04				2,489,390	3.23	28,790	83,213
2025/06/02				0	0.00	6,250	0

3. 첫사랑처럼 다시 오는 자리

"돌고 돌아, 그 자리에서 다시 상승하는 법 <첫사랑기법>"

상승은 직선이 아니다. 시장도, 사랑도, 인생도 한 번에 올라가지 않는다.

돌고 돌아, 눌리고 흔들리다가 결국 처음의 자리에서 다시, 더 단단한 마음으로 상승하는 것 그게 바로 첫사랑기법이다."

처음엔 이 기법 이름이 없었다.
그저 "애틋한 자리를 다시 찾아가는 방법" 이라 생각했을 뿐이었다.
돌이켜보면,
한 번 강하게 반짝였던 종목이 언젠가 다시 고개를 돌고 돌아오는 흐름.

그걸 지켜보며 나는 생각했다. "이건 단순한 기술이 아니라, 감정이다."

나는 방송에서 늘 말한다. 기법은 결국 "어려운 걸 쉽게 만들기 위한 장치"라고.
하지만 '첫사랑기법'은 다르다.

이건 기술의 탈을 쓴 본질이며, 인간의 감정에 가까운 통찰이다.

이 기법은 단순한 기술적 분석도, 패턴 매매도 아니다.
사람의 기억, 시장심리, 그리고 흐름의 구조를 함께 읽어내는 방식이다.

나는 대형 우량주 보다는 사람들이 흔히 말하는 잡주, 그러니까 스몰 캡 중심의 테마주를 다룬다. 이 종목들은 하나같이 작고, 거칠고, 무섭다고 여겨진다. 뉴스 한 줄에 오르고, 가파르게 눌리고, 급등 후에는 긴 조정으로 사람을 지치게 만든다.

그래서 사람들은 이 종목들을 멀리한다. 하지만, 가장 많이 손을 대는 게 이 종목들이다.

"세력에 물린다."
"한 탕 종목이다"
"비정상적인 주식이다."라고 말한다.

하지만 나는 그렇게 불리는 종목들 속에서 가장 인간적인 움직임을 본다.

이 종목들의 특징은 기억된 가격만 다시 움직인다는 것이다.

한 번 시세가 시작됐던 자리는, 언제나 누군가의 기대와 후회가 쌓여 있다.
마치 첫사랑처럼, 그 가격만을 기억한 채, 다시 돌아온다.

시장 구조로 본 첫사랑기법을 설명하겠다.
첫사랑기법은 사람의 감정을 보되, 구조적인 금융 흐름 위에 세워진 전략이다.

1. 앵커링 효과(Anchoring Bias)
사람들은 주가가 어디까지 갈지 보다, "어디까지 갔었는지"를 더 강하게 기억한다.

한 번 급등했던 종목은, 그 자리만 다시 오면 "한 번 더 갈 수도 있지 않을까?" 하는 기대가 붙는다.

이 심리는 실제 매수. 매도 행위를 유도하며, 거래량과 수급을 다시 모이게 만든다.

2. 유동성민감도 (Liquidity Sensitivity)
스몰 캡은 대형주에 비해, 적은 자금으로도 시세가 형성되기 쉬운 구조를 갖고 있다.
특히 유통 가능한 물량이 적고, 개별 이슈에 민감한 종목일수록 트레이딩 자금의 타깃이 되기 쉽다.

첫사랑기법은 그 민감한 구조와 수급의 떨림을 정확히 포착해낸다.

3. 순환매 이론 (Rotational Play)

시장은 항상 앞에서 오른 테마는 쉬고, 뒤늦게 오를 수 있는 테마로 자금이 순환된다.

스몰 캡 테마주는 그 순환의 말단에서 강하게 움직이며, 이미 반응했던 자리로 자금이 돌아오는 경향이 있다.

나는 이걸
사라진 게 아니라, 계절처럼 돌아오는 것이다라고 해석한다. 그래서 그 자리는 반드시 다시 시세가 분출된다.

4. 한계효용 체감의 법칙

많이 오른 종목은, 두 번째부터 기대감이 줄어들고 리스크가 커 보인다. 반면, 아직 회복되지 않았지만 과거 시세가 있었던 종목은 "이쯤이면 다시 오르지 않을까?"하는 새로운 기대가 붙는다.

그 기대는 다시 수급을 불러오고, 시장을 움직이는 심리적 트리거가 된다.

5. 심리적 저항선 (Psychological Resistance)

기술적 저항선과 지지선은 단순한 선이 아니다. 그건 사람들이 물렸던 자리, 혹은 가장 기대했던 자리의 흔적이다.

나는 그걸, 기술적 라인이 아니라 '감정선'이라고 부른다.
실전에서는 이렇게 사용한다.

1. 기억된 가격대를 추적한다.
- 과거에 시세가 강하게 나왔던 이슈/뉴스/테마를 먼저 떠올린다.
- 해당 종목의 과거 고점대비 30~50% 눌림 이후 복귀 패턴을 관찰한다.

2. 기억하는 자리는 세력도 기억한다.
- 그 자리에서 수익을 냈던 개인도 많지만, 그 가격대에서 수익률을 극대화했던 세력 역시 같은 가격을 다시 활용한다.
- 이 구간에서 거래량이 붙기 시작하면, 기억된 가격 〉재인식 구간으로 전환된다.

3. 신호보다 중요한건 '의도'다
- 과거 가격 복귀는 단순한 우연이 아니다.

이는 세력이 과거를 활용한 전략적 타점일 수 있다.
〉 그러니, 기억된 자리에서 다시 시세가 만들어지는 구조를 관찰해야 한다.

그리고 이것은 사랑이었다.

내가 이 흐름에 '첫사랑기법'이라는 이름을 붙인 것도, 처음엔 내가 아닌 사람들의 감정이 먼저였다. 구독자들이 하나둘씩 나에게 말했다.

'이건 마치 첫사랑 같아요.'

그 말을 듣고 나는 고개를 끄덕일 수밖에 없었다.

첫사랑은 그런 것이다.
처음엔 너무 좋아서 몰랐던 것들.
시간이 지나고 다시 마주해야 비로소 보이는 것들.
시장도 그랬고, 삶도 그랬다.

주가는 돌아온다.
감정도 돌아온다.
그리고 나는 언제나 그 자리를 지키고 있었다.
준비된 마음으로, 다시 손을 내밀 준비를 하며, 첫사랑처럼, 그 자리를 기억하고 기다리고 믿는 사람에게 다시 기회는 온다.

매번 같진 않지만, 비슷한 파동, 비슷한 기억을 품은채로.

"기회는 떠나는 사람에게 오지 않는다. 기다리는 사람에게 돌아온다."
"이건 우연히 아니라, 기억이다"
그리고 그 기억은 첫사랑처럼 다시 나를 찾아온다.

***첫사랑기법
"처음 기억한 그 자리에, 다시 온다"

- 기법핵심 :
- 스몰 캡 종목들이 테마 순환을 타고 계절처럼 다시 움직이는 패턴
- 특정 가격대 (앵커링 포인트)에서 반복적으로 시세 분출
- 개별 종목이 아닌, '무리'로 움직이는 성향에 주목

- 활용 포인트 :
- 가격 중심 기억(가격 앵커링)
- 유사 테마, 유사 흐름 반복
- 개인 투자자의 심리적 트라우마를 반대로 활용

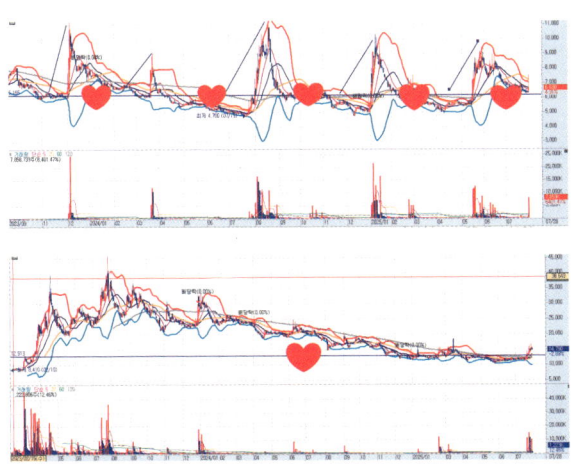

4. 부메랑 기법 : 사랑은 돌아오는 거야

"다시 사랑해도 되는 자리"

이건 〈첫사랑기법〉의 확장판이다.
나는 부메랑처럼 돌아오는 자리를 보며 "사랑은 돌아오는 거야" 라는 말을 주식에서, 인생에서, 현실에서 깨달았다.

한때 스쳐간 자리도, 다시 발 딛는 순간, 그건 이탈이 아니라 회복이었다.

시청자들이 내 기법들을 다 와 닿기에 쉽게 이해하고 공감해주는 것이라 생각한다.

한때 지나갔던 고점이, 다시금 지지선이 되는 순간, 한번 빠졌던 저점이 다시 나를 일으켜 세우는 자리.
그건 회복이었다.
떨어졌기 때문에 더 단단하게, 흔들렸기 때문에 더 간절하게 돌아오는 흐름.

단순한 재상승이 아니다. 회복의 시그널, 즉 진짜 상승의 시작점이었다.
나는 이 기법을 이렇게 쓴다.

1. IPO 시가/종가 복귀 매매
- 신규 상장주 (IPO)는 처음 형성된 시가와 종가를 중심으로 향후 시세 기준점이 형성된다.
- 세력은 이 초기 구간을 기억하고, 나중에 시장 관심이 몰릴 때 이 가격을 "의도적으로 다시 밟고 올라서는" 시세를 연출한다.
- 흐름은 기술적으로는 매물소화가 끝났다는 시그널, 심리적으로는 '다시 사도된다.'는 시장신호다.

2. 매물대 소멸구간 > 상승탄력
- 예전에 고점이였던 자리, 혹은 상장 초기의 가격은 시간이 지나며 해당 가격대에 존재했던 물량들이 점점 시장에서 정리된다.
- 이렇게 되면 해당 구간은 '매물 소멸 존', 즉 저항 없는 가격대로 전환되고,
> 부메랑처럼 회귀한 뒤엔 빠르게 위로 시세가 열린다.

3. 유동성 진공 구간 (Liquidity Vacuum Zone)
- 매물 소화가 끝난 자리 위로는 거래 이력이 거의 없어, 저항이 거의 없는 유동성 공백 구간이 된다.

- 이때는 적은 거래량만으로도 가격이 쉽게 급등할 수 있고, 특히 상한가처럼 빠르게 치솟는 시세가 연출되기 쉬운 구조다.

4. 심리적 리프레이밍(Reframing)
- "이 종목, 예전에 손절한 기억이 있어요.."
하지만 시장은 다시 그 자리를 밟아준다.

- 그건 과거의 손절가 〉 다시 기회로 인식되는 자리로 전환되는 순간이다.
〉 이걸 '심리적 리프레이밍'이라고 부르며, 투자자 내면에서도 의미가 전환되는 구조다.

실전에서는 이렇게 활용한다.

1. 신규 상장주의 첫 시가/종가를 기억하라.
- 이 가격은 세력의 심리적 기준가로 활용되는 경우가 많다.
- 시장의 관심이 몰리면, 이 구간을 다시 밟고 올라오며, '회복 흐름'을 연출한다.

2. 차트에서 이탈보다 회복을 먼저 관찰하라
- 고점이 이탈된 후, 시간과 거래량으로 조정을 충분히 거친 뒤 다시 그 자리를 회복하는 경우가 있다.
- 이때는 심리적 저항선이 지지선으로 전환되며, 실제 수급도 추세 전환 쪽으로 급속히 이동한다.

3. 그 자리를 밟고 올라서는지 "거래량"으로 확인하라
- 다시 올라선다 해도 거래량이 수반되지 않으면, 진짜 부메랑이 아니라 훼이크일 가능성이 크다.
- 거래량 증가 〉심리 복구 〉시세 복귀 순으로 가는지 꼭 체크해야 한다.

결국 회복은 사랑이다.

주식도 그렇고 관계도 그렇다.
진짜 중요한건 한 번의 반짝임이 아니다.
두 번의 선택을 받을 수 있는가, 돌아온 자리에서 다시 사랑받을 수 있는가.

나는 이 기법을 쓴 이후, 차트를 볼 때마다 사람을 보게 됐다.

이탈보다 회복에 집중하고, 포기보다 기다림을 택하게 되었다.

"사랑은 돌아오는 거야. 그게 진짜라면, 결국 다시 그 자리로 돌아와. 더 자유롭고 단단하게 사랑할 수 있어"

***부메랑 기법
"사랑은 돌아오는 거야"

- 기법핵심 :
- 과거에 강하게 상승했던 종목이 일정 시간이 지난 후 같은 가격 구간을 다시 밟으며 시세가 재출발하는 흐름.
- 과거 상승 구간의 시가. 종가. 저항대를 리마인드 하는 게 포인트

- 활용 포인트 :
- 거래대금 및 수급 복귀 확인
- 과거 고점 가격 라인 복원 여부 체크
- 기술적 복원 + 감정 회복 타이밍을 동시에 해석

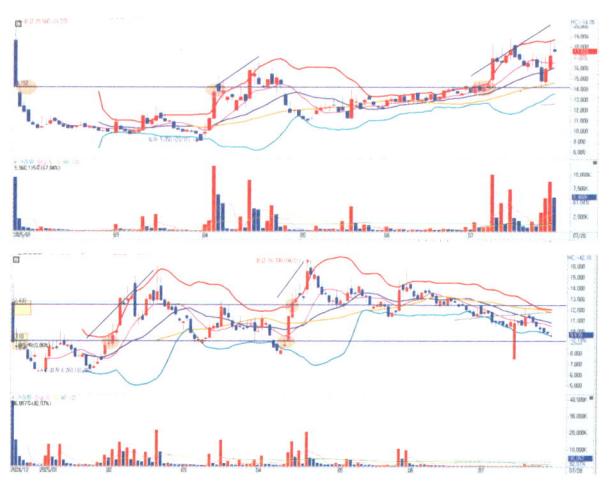

5.

<전남친 기법> 시간의 상한가 기법 그리고 자니...?

"미련과 아쉬움에 흔들리지 않게 된 내 마음의 기준"

나는 이 기법을 투자자들에게 이렇게 설명한다.

새벽시간 갑자기 핸드폰이 울립니다.
익숙한 번호.. 그 사람이에요.
"자니...?" 라는 한마디.

그 순간, 심장이 쿵 하고 뛴다.
혹시 아직 나를 생각 하는 걸까?
혹시 우리 다시 시작할 수 있을까?
기대와 설렘, 그리고 약간의 불안이 한꺼번에 올라온다.
하지만 아침이 되면 알게 된다.
그 감정은 결국 "새벽이었다."는 걸
지나가고 나면 아무것도 아닌. 오히려 찜찜한..

이건 기억을 흔드는 장치다.

시장에서의 "시간 외 상한가"도 그렇다.
정규장이 끝난 오후 3시 40분 이후, 고요한 단일가 거래 시간에 갑자기 상한가를 찍는 종목.

나는 이걸 단순한 거래가 아닌 전략적인 심리 설계라고 해석한다.

시간외상한가, 이건 시세가 아니라 심리다.

시간외 단일가는 저유동성의 시장 미시구조를 이용해 적은 거래량으로도 인위적인 가격 형성이 가능한 구간이다.

이 구조를 아는 세력은 글로벌 이슈나 뉴스가 있을 때, 해당 테마와 관련된 스몰캡 종목을 의도적으로 시간외 상한가에 올려 놓는다.

예를 들어, 미국 시장에서 양자 기술이나 자율주행 관련 빅테크가 급등했다면, 그 테마에 엮인 한국의 소형종목들, 비슷한 키워드만 가진 기업들이 마치 '같은 재료'를 가진 듯 움직인다.

그리고 그 중 한두 종목이 조용히 시간외 상한가에 등장한다.

나는 그걸 보며 생각한다.

진짜 오를 거라서 올리는 걸까, 아니면 기대만 만들고 사라지려는

걸까

뉴스 하나에 불이 붙고, 시간외 거래에서 주가는 치솟는다.
사람들은 말한다.

"이거 내일 대박나는 거 아니야?"
"아 오래 물려 있었는데 드디어 탈출!!"
"이제라도 사야 되는 거 아니야? 더 사자"
"불타기로 수익에 나와야지"

마치 누군가의 "자니?"처럼 그 종목도 갑작스럽게 소식을 전해온다.
설레게 만들고, 조급하게 만들고, 그 감정 하나에 흔들리게 된다.

하지만 나는 안다. 그 시간은 대부분, 정리의 시간이라는 걸.
새로운 출발을 위한 계획된 자리라는 걸.

나는 이 기법을 쓰면서, 절대 시간외 상한가에 매수로 진입하지 않는다.

왜냐하면 그건 기회처럼 보이지만, 확인되지 않은 감정이기 때문이다.
오히려 그 자리는 세력의 물량정리, 낚시, 혹은 개인 유입 유도용일 수 있다.

진짜 타점은 그 다음날, 정규장, 혹은 시간이 흐른 후 등장한다.

1. 단일가 거래 시장 미시구조
- 오후 3:40 ~ 6:00, 시장은 정규장이 아닌 단일가 시간외 시장으로 진입한다.
- 이 구간은 10분 단위 체결, 거래량 비공개, 호가 제한 등으로 인해 거래의 유동성이 매우 낮고 인위적 가격 형성이 쉬운 구조다.

2. 전략적 상한가 유도
- 소형 테마주, 특히 글로벌 이슈와 맞물리는 키워드 테마에서 자주 나타난다.
- 세력은 이 시간대를 활용해 낮은 유동성속 적은 자금으로 상한가를 연출하고,
〉개인 투자자들에게 기대감 + 설렘을 주입한다.
- 이른바 "심리적 진입 유도 패턴"이자, 전술적 낚시 구조다.

3. E.D.T (Event-Driven Trading)의 왜곡 사례
- 미국 빅테크의 기술 급등 〉국내 양자 컴퓨터, 자율주행 관련주 급등 기대.
〉직접적 매출이나 기술이 없는 소형 테마주에 유동성 왜곡이 발생한다.
- 이 기법은 "정보〉반응〉행동" 사이에 개입하는 감정 트리거의 사례로 이해할 수 있다.

4. 심리회복 캔들 개념
- 이 기법에서 시제 진입 타점은 "시간외 상한가" 그 자체가 아니다. 중요한건 그 다음날 정규장에서 그 가격을 다시 회복하는지 여부이다.
- 다시 그 자리를 거래량 동반하여 밟고 올라올 때,
〉그건 세력의 진짜 의도, 시장의 인식 회복, 투자자의 신뢰복구가 하나의 회복 캔들로 나타나는 시점이다.

실전 매매흐름을 정리해보자.

1. 시간외 상한가 발생
- 관찰만, 시초가 매수진입 x
- "자니?"는 감정이 아니라 시세 근거가 아님을 인식할 것.

2. 다음 날 시초가 흐름 확인
- 급등 후 바로 밀리거나 갭 상승 시 "미끼"일 수 있음
- 시초가는 여전히 '기대의 흔적' 이때도 매수금지

3. 시간외 상한가 가격을 '다시 회복'하는 구간
- 이때 거래량 증가와 함께 해당 가격대를 다시 돌파하는 흐름 〉매수고려
- 이 구간을 '심리회복 캔들'이라 부름
- 이때부터는 감정이 아니라 수급이 말하는 자리다.

한번 흔든 건 우연일 수 있지만, 두 번 다시 온다면 그건 신호다.

이 기법이 유효한 조건을 정리해보자면

- 외신 기반 이슈 (Fed 발표, 빅테크 시세 급등, 지정학 뉴스 등)
- 장 마감 직후 테마 점화 or 돌발 뉴스 등장
- 연속적인 테마주의 로테이션 흐름 내에서 "먼저 시간외 상한가 찍고, 다음날 수급형성" 패턴 반복

진짜 기회는 조용히 다가오고, 진짜 주도주는 그렇게 시끄럽지 않다.

나는 이 감정의 구조를 이해하면서 시장을 보는 눈이 달라졌다.
감정은 자극이지만, 기법은 기준이다.

사랑도 투자도, "돌아오지 않을 감정"에 매달리지 않을 때 비로소 내 삶은 선명해졌다.

***전 남친 기법
"자니...? 시간외 상한가에서 먼저 연락 오더라."

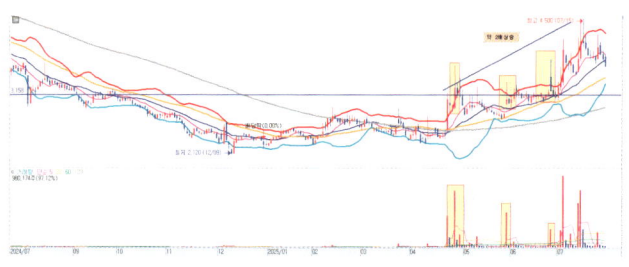

- 기법 핵심 :
- 글로벌 이슈(자율주행, AI, 양자, 전쟁) 등에 반응하는 스몰캡 유사 테마주
- 시간외 상한가로 감정(기대감)을 자극해 다음 날 개인의 진입을 유도
- 진입 타이밍은 시간외가 아닌, 다시 해당 가격 회복하는 '심리 복원 구간'

- 활용 포인트 :
- 시간외 거래 상한가 분석
- 다음 날 갭 하락 후 재돌파 흐름 포착
- 세력의 물량 정리/수렴 구조 해석 중요

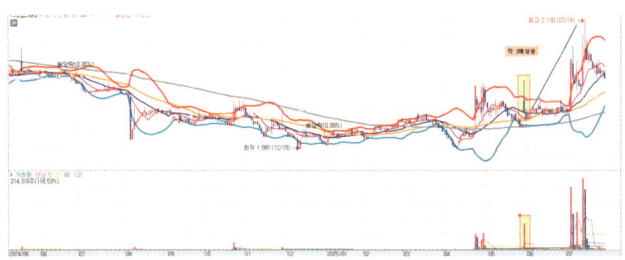

6. 아무일 없었던 듯, 〈철판 기법〉 : 시장의 복귀선에서 시작되는 새로운 테마

"기억도 회복도 없는 척, 철판 깔고 살아갈 용기가 필요하다."

어떤 종목은 무너졌는데도, 다시 돌아온다.
다시는 안 갈 줄 알았던 자리를 아무 일 없던 듯 다시 회복한다.

나는 그런 구간을 오래 지켜봤다.
참 절망적이고 심난한 순간들이 많았다.
그리고 그런 흐름을 '복귀선'이라고 불렀다.

시장에는 늘 그런 순간이 있다.
전체가 흔들리고, 모든 차트가 지지선을 이탈하며, 개인투자자들은 방향감을 잃는다.

그 시기에는 잘 나가던 종목도 다 같이 무너지고, 테마가 있든 없든 전 종목이 지지하던 가격 아래로 조용히 흐른다.

거래량도 없고, 반등도 없다.
마치 시장이 모든 걸 포기한 듯한 분위기.
그리고 그 속에서 많은 이들이 종목을 놓고, 관심을 끊고, 잊는다.

그런데 시장이 회복세에 들어서기 시작하면, 그 무너졌던 종목들 중, 특정한 패턴을 가진 종목이 하나 둘씩 '다시 올라오기' 시작한다.

그들은 단순히 반등하지 않는다.

거래량과 함께, 정확히 '예전 지지선 가격'을 다시 밟고 올라선다.

"시장은 순환하고, 기억은 선을 남긴다."

모든 시장은 순환한다.
상승기와 하락기, 조정기와 회복기를 반복하면서 자금의 무게중심도 이동한다.
이를 우리는 "Market Cycle"즉, 시장 순환구조 라고 부른다.
이 철판 기법은 그 순환구조 중에서도 조정기 말기와 회복기 초입이라는 극도로 예민한 경계선에서 등장한다.

- 주도주들은 이미 고점을 찍고 피로감이 쌓인 상황
- 주가는 반등하나 내 종목은 여전히 제자리인 상황
- 대부분의 투자자들은 이미 관심을 끊어버린 시점
- 그러나 '그 종목'은 조용히, 예전의 자리를 다시 밟는다.

그 자리는 대개 과거의 지지선, 혹은 고점과 저점이 교차 하는 심리적 기준점이다.
Role Reversal 이라고 불리는 이 흐름은, 이전에 저항이던 자리가 지지로 바뀌거나 지지였던 자리를 다시 밟는 순간 발생한다.

이 기법의 핵심은 단순한 가격 반등이 아니다.
그 자리는 다음 세 가지 요소가 겹쳐지는 아주 정밀한 타이밍이다.

1. 심리 회복의 기준점

시장 참여자들이 기억하고 있던 가격을 다시 회복함으로써, 시장 심리가 "아직 살아있다"는 신호를 보낸다.
투자자입장에서는 포기했던 종목을 다시 보게 되는 결정적 순간이다.

2. 수급 구조 전환의 증거

거래량이 없는 하락에서, 거래량을 동반한 회복으로 전환되는 이 구간은 외인, 기관, 혹은 특정 세력의 수급의지가 담긴다는 점에서 의미가 크다.

3. 섹터 로테이션의 시작점

시장이 너무 오른 주도주를 피하고, 저평가, 소외 섹터로 시선을 돌리는 Sector Rotation 현상과 정확히 맞물리는 자리다. 주도주의 시대가 끝나갈 때, 시장은 늘 이런 조용한 반전을 준비해왔다.

실전에서는 이렇게 대응해보자

1. 침묵의 하락
시장 전체가 조정기에 빠질 때, 대부분의 종목은 거래량 없이 조용히 무너진다.
차트는 지지선을 이탈하고, 관심도, 기대도, 수급도 사라진다.

2. 복귀선 회복
시장이 회복세에 진입하면, 소외주들 중 일부가 조용히 예전 지지선을 '정확히' 밟고 올라온다. 이때 거래량이 증가하고, 수급이 다시 살아난다.
이전의 심리적 지점이 다시 '기준선'이 되는 순간이다.

3. 추세 전환의 발판
이 자리를 회복하며 안착하면, 새로운 상승의 출발점이 된다.
뉴스도, 테마도 없는데 그 종목이 먼저 움직인다.
시장은 이미 알고 있었던 것이다.
"아무 일 없었던 척, 다시 그 자리로 온 종목"을

이건 삶의 태도이기도 하다.
나는 이 기법을 그냥 기술적 패턴으로만 보지 않는다.
이건 어쩌면 "살아가는 방식" 이기도 하다.

하락을 겪고, 관심에서 잊혀지고, 모든 게 끝난 것 같던 그 순간에도, 묵묵히 기다리며 다시 돌아오는 사람.
나는 그런 흐름을 사랑한다.

그리고 그런 흐름에 투자한다.

"다 무너졌던 시장에서, 조용히, 정확히, 다시 그 자리에 돌아오는 종목은 진짜 추세의 시작점에 서 있다"

우리도 이런 삶의 자세가 분명히 필요하다.
끝없이 하락을 겪고 있어도, 다시 정확하게 회복하며 상승을 주도하는 삶. 회복탄력성이다.

시장이 한 번 더 기회를 줄 때, 가장 먼저 돌아오는 종목은 아무 일 없던 듯, 원래의 자리에 다시 서 있다.

나는 그걸 본다.
그리고 그 자리를 기다린다.

***철판기법
"철판 깔고 있는 척하다가, 진짜가 되는 자리."

- 기법 핵심 :
- 시장 하락으로 지지선 이탈 후, 다시 지지선을 강하게 회복하며 '잊혀진 자리'를 복구하는 흐름
- 거래량 동반 + 재확신 + 소외 업종의 테마 시동 선호

- 활용 포인트 :
- 전 저점 지지선 회복 여부
- 거래량 반등/섹터 순환흐름
- 하락 > 망각 > 회복의 감정 곡선과 연동

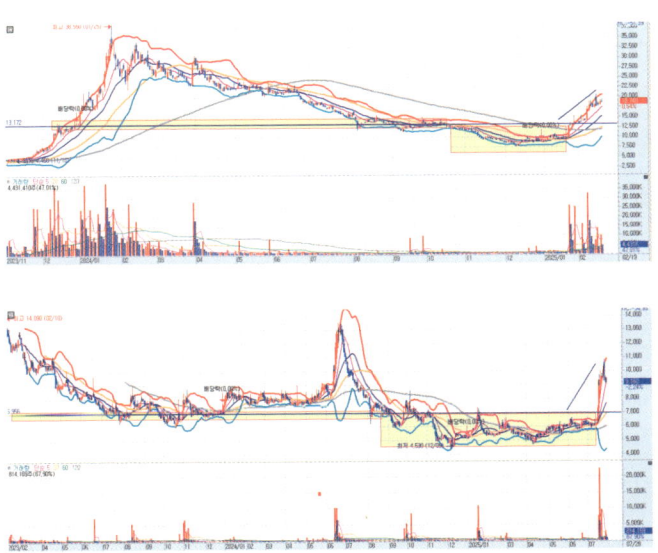

7. 내가 만든 기법엔 사람이 있었다.

"차트보다 마음을 먼저 읽는 기술"

많은 사람들이 말한다.
"이건 이 보조지표를 봐야 확률 높아"
"이 자리는 골든크로스 자리라 지금 들어가야 돼"
"이렇게 셋팅하면 무조건이야"

하지만 나는 차트를 보기 전에 그 안에 사람의 감정이 먼저 있다는 걸 배웠다.

사람의 두려움, 욕심, 기대, 후회...

그 감정들이 모여 만든 게 바로 그 선, 그 봉우리, 그 흐름이다.

내가 만든 "기법"은 절대 차트위에만 있지 않았다.

내가 겪은 실패,
내가 견뎌낸 감정들,
내가 포기하지 않은 기다림,
그 모든 것이 기법의 재료가 됐다.

누군가는 이 기법을 따라 해도, 왜 똑같이 되지 않느냐고 묻는다.
나는 조용히 대답한다.

"그건 당신의 이야기가 아니라서 그래요"

기법이라는 건 단순한 공식이 아니라, 내가 누구인지에 대한 자기고백이다.

내가 무엇을 포기하지 못하고, 무엇을 두려워하고, 무엇을 끝내 믿기로 했는지가 고스란히 드러나는 방식.

그래서 나는 말한다.
내 기법엔 사람이 있다고.
내 기법은 나를 닮았다고.

그래서 나와 5년 넘게 지금까지도 함께하고 있는 든든한 구독자들은 나를 닮아 보는 종목들과 해석흐름이 정말 비슷하다. 토론도 가능하다. 정말 신기한 일이다.

우리만이 같은 종목과 섹터의 방향을 가지고 즐거운 대화가 된다는 것이다.

나는 오늘도 차트를 보며, 숫자대신 마음의 방향을 먼저 읽는다.
그게 내가 만든 기법의 출발이었고, 지금도 유일하게 나를 지켜주는 원칙이다.

첫사랑 기법, 부메랑 기법, 전남친 기법, 철판기법 이 네가지는 다 다른 이름을 갖고 있지만 그 본질은 하나였다.

"돌아오는 자리"에 대한 이야기, "한 번 움직였던 감정"이 다시 살아나는 자리, "기억된 가격"이 다시 기준이 되는 순간.

기법은 패턴이지만, 나는 패턴만 보지 않았다. 거기 담긴 사람을 봤다.

어떤 종목은, 처음 시세가 나왔던 자리를 다시 밟고,
어떤 종목은, 공모가를 돌파한 후 다시 눌렸다가 회복되며,
어떤 종목은, 시간외에서 사람의 기대를 건드리고,
어떤 종목은, 모두가 잊은 사이, 조용히 본래 자리를 회복한다.

나는 그 모든 자리를 기억했다. 그리고 기다렸다.
다시 시작될 수 있는 자리.

결국 네 개의 기법은 하나의 방향을 말하고 있었다.

"기억은 다시 시세를 만든다."

"사람은 결국, 한 번 움직였던 자리에서 다시 반응한다."

"시장은 감정을 무시하지 않는다."

"기법이라는 이름 아래, 사람의 심리와 나의 이야기를 숨겨 두었다"

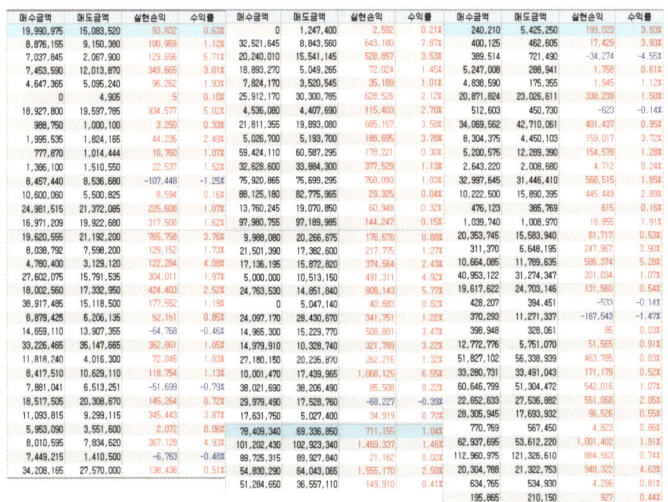

PART 3.

루틴은 나를 배신하지 않았다.

"작게 반복한 하루들이, 결국 내 서사가 되었다."

1. 하루하루는 다 잊혀져도, 루틴은 남는다.

"계좌도 인생도 결국은 루틴으로 설명된다."

처음에는 그냥 "써야겠다" "해야겠다" 는 생각이었다.
내가 오늘 어떤 종목을 샀고, 왜 샀는지. 장 끝나고 주식 일기처럼 적어두던 습관이 어느 순간 나도 모르게 하나의 루틴이 되었다.

그날그날 테마와 흐름, 뉴스와 호재, 그리고 나의 감정까지도 매일 짧게 남겼다.

어떤 날은 후회로, 어떤 날은 확신으로 써내려간 글들이 시간이 지나니 마치 나만의 데이터베이스가 되어 있었다.

기억은 흐릿해져도 그때의 시장흐름과 내가 느꼈던 직감들은 기록 덕분에 또렷하게 남았다.

지금 생각해보면 그건 단순한 일기가 아니라, 나의 기술을 설계한 설계도였다.

나는 숫자를 공부한 게 아니라 감정 위에 흐름을 쌓은 것이었다.
손익보다 더 정직했던 건 매일 나를 마주한 기록이었다.

그리고 그게 지금의 나를 만들었다.

내 루틴은 주식일기 뿐만이 아니었다.

스무 살 초반부터 몸을 가꾸고, 매일 운동을 하며, 식단에도 관심이 아주 많았다.
사회생활은 뭘 해도 인정받지 못하는 불편함 들만 가득한데, 몸은 내가 운동하고 먹는 대로 거울에 정직하게 보여지니 위로가 되고 자극이 되었다.

운동루틴은 나를 보디빌딩 대회 무대에도 올려줬고, 스피닝 강사가 되어 직장 퇴근 후 신나는 스트레스 해소도 시켜주는 즐거운 고수익 부업이 되기도 했다.

그건 단순한 근육의 변화가 아니라 작은 습관이 나를 어디까지 데려가는지 몸으로 배운 시간이기도 했다.

유튜브도 마찬가지다. 처음엔 거창한 목표도 없었다.

"내가 공부한 걸 하루에 하나씩 기록처럼 올려보자"
"올릴게 없으니 아무거나 올려보자. 브이로그 찍어보자. 뷰티로그 찍어보자"
그 단순한 생각으로 시작했다.

매일 내가 공부한 주식흐름, 시황, 테마, 기술적인 분석, 그날 시장의 분위기와 내 감정까지 누가 봐주지 않아도 괜찮았다. 나는 "공부한 것들을 말하는 나"를 기록하고 싶었을 뿐이다.

그 하루가 이틀이 되고, 이틀이 한 달이 되고 지금은 수많은 사람들과 지식을 나누는 내가 되었다.

지금도 동일한 방법으로 하고 싶을 때 루틴대로 금융 라이센스를 준비하고 있다. 투자자산운용사부터 CFA까지..

대단한 스킬보다 매일 나를 흔들어 깨우는 루틴하나. 화려하지 않아도, 대단하지 않아도 매일을 성실히 살아낸 사람에게 주어지는 조용한 기적.

사실 나는 '루틴'이라는 정의도 없이 그냥 삶이 참 한탄스럽고 원망스러워서 허탈함에 그냥 생각 없이 오늘도 하던거나 하자의 마음으로 시작했던 것 같다.

그냥 뭔가 항상 복잡해서 미쳐버릴 것 같아서, 준비 없이 갑자기 들이닥치는 상황들에, 대처할 방법도 몰라서, 해결할 방법도 몰라서, 그냥 직면해서 맞아가며 억지로 "지금"을 살아가고 있었다.

그런데 생각보다 난 임기응변에 최적화되어 있더라.
잘 해내더라. 안될 것 같았는데 다 되더라.
안되도 결국엔 되게 만들더라.
아 이게 정답이구나. 그냥하자.
그게 정답이다.
뭐가되면 그때 가서 생각해 잠깐 여유 있는 순간이 오긴 온다.
그때 생각하면 된다. 최대한 긍정적이게

끼주(끼있는 주식)의 특징은, 뜬금없이 거래량이 튀는 순간이 있다.
그러고는 잠잠하다 한동안... 잠잠하면 다행이지 아래로 고꾸라지는 경우도 허다하다.
그러고는 다시 거래량이 튀며 제자리로 돌아온다. 그렇게 박스권을 만들며 몇 번이고 반복한다. 그게 최소 6개월에서 2년이다.

그러다 박스권을 뚫는 시점에서는 미친 듯이 폭등한다.

끼주는 나의 패턴과 같다. 루틴대로 살다 맞아떨어지는 순간에는 미친 에너지를 분출한다.

그렇게 나는 불확실성속에서 적응하는 루틴을 반복하고 있었다.

2.
나는 나를 계속 말하고 있었다.

"기록이 나를 꺼내 주었다"

말은 처음부터 잘 나오지 않았다.
나는 속으로 수없이 많은 말을 삼켰고, 그 말들은 무언가에 눌린 채, 내 안에서만 맴돌고 있었다.

그냥 말을 하고 싶지 않았다. 할 주변도 없을뿐더러, 내가 내 이야기를 한다는 것 자체가 내 상황의 결핍 투성이를 보여주는 것만 같아서 회피했다.

말 하고 싶은 마음보다
"이 말을 해도 괜찮을까?"라는 망설임이 먼저였고, 무엇보다 "말한 내가 감당할 수 있을까?"하는 두려움이 컸다.

그래서 나는 오래도록 내가 누구인지 말하지 않은 채, 그저 묵묵히 버텨왔다.

하지만 지금 와 돌아보면, 나는 그 침묵조차 말의 일부였다는 걸 깨닫는다.

말하지 못했던 그 시간에도, 나는 늘 나를 말하고 있었다.

처음엔 말이 아니라 눈빛으로, 감정으로, 표정으로 반복되는 루틴으로, 그리고 때로는 끝까지 포기하지 않았다는 그 자세로

세상이 알아주지 않아도, 내가 나를 알아보기 위해, 나는 나를 계속 말하고 있었다.

누구에게도 직접 말하지 못했던 마음을 나는 매일 기록했고 그 기록이 결국 나를 꺼내주었다.

처음에는 그저 하루를 정리하려는 주식일기였다. 정확히 말하면 방송 준비였다.
어떤 종목이 움직였고, 어떤 뉴스가 나왔는지. 근데 어느 순간부터 그 안에 내 감정이 보이기 시작했다.

오늘은 자신감이 있었구나. 오늘은 뭔가 조심스러웠구나. 주식일기를 쓰다 보니 그날의 나를 읽는 법을 배우게 됐다.

이 책도 그렇다. 누군가에게 보여주기 위해 쓴 게 아니었다.

그냥 내가 나에게 묻고, 내가 나에게 답하며 쓴 문장들이었다.
그랬더니 이상하게도, 누군가에게 닿을 것만 같은 마음이 생겼다.

그리고 쓰며 깨달았다. 내가 방송에서 시청자들에게 건넨 따뜻한 위로들은 결국 나를 향한 메시지들이었다는 걸..
깨닫고 나니 어쩐지, 방송에서 늘 시황을 내 언어로 풀어서 말하는 시간에는 자꾸만 감정이 복받쳐 올랐고, 목소리는 미세하게 떨릴 때도 많았다.

기억에 남는 순간은 경제방송에서 연속적인 시장의 불확실성 속에서 방향을 잡아나가려는 나의 멘트, 불안과 비판의 시선들로 가득한 투자자들의 사이에서 그럼에도 불구하고 좋아질 것이다. 라는 나의 방향,

라이브 방송 중 비아냥거리는 댓글을 또렷히 직시하며 심장이 두근거림에도 불구하고 확신 있게 내 첫사랑기법의 자리에 들어온 #원익홀딩스 라는 종목에 대한 의견을 거침없이 말하는 나, 그리고 그 상황을 지켜보고 있는 또 다른 나.

지금 와서 보면 그 종목.. 참 많이도 올랐다. 3개월 채 되지 않았는데 주가가 2배 이상은 올라와 있다.

나는 어느새 나를 계속 말하고, 쓰고, 보여주는 루틴을 가진 사람이 되었다.

그건 나를 알리기 위한 루틴이 아니라 나를 지키기 위한 루틴이었다.

표현은 위로였다. 기록은 회복이었다. 이 모든 루틴이 쌓여 결국 "민지윤"이라는 브랜드가 되었다.

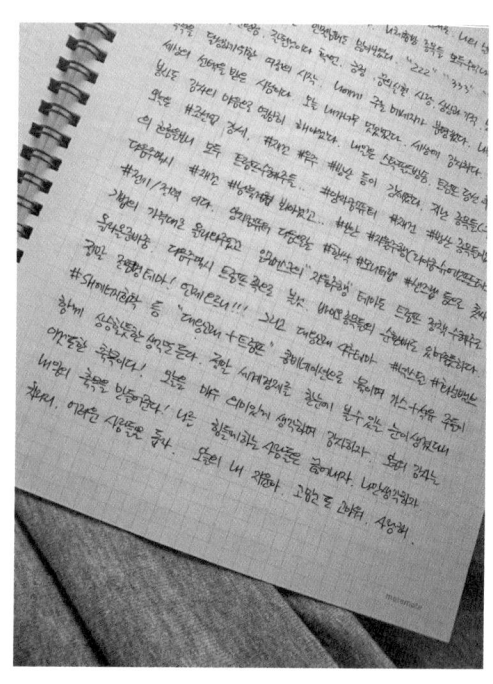

3.
내가 반복한 루틴이 나를 증명했다.

"의식적으로든 무의식적으로든 루틴은 나를 증명한다."

매일매일 같은 시간에 일어나고, 공부하고, 일하고, 영상을 찍고, 시장을 정리했다.
해야겠다가 아니라 진짜 그냥 한 거다. 하루라도 안하면 불안하고 이상하다.

대단한 무언가를 만든 것도 아닌데 어느 날부터 사람들이 기억하기 시작했다. 심지어 이제는 고정적으로 나와 루틴을 함께하는 사람들이 700명 이상이나 된다.

내가 다니던 회사와 계약을 종료하게 되었을 때, 소식을 들은 회원들은 단번에 1000명 이상 나를 따라와 주었다. 그것도 1주일 만에..
후에 들은 내용이지만.. 많은 미담들이 있었다.

"박지윤 전문가님 따라 갈거에요."
"지윤전문가 아니면 안 해요."
말없이 나에게 고생했다고 이유 묻지 않고 간결한 한마디를 보내준 사람, 조용히 나에게 꽃바구니를 선물해준 사람,

조용히 힘내라며 커피쿠폰을 보내준 사람..

난 그저 나밖에 모르고 루틴이라고 정의하지도 않은 행동을 묵묵히 해 나갔을 뿐인데..

내 진심과 루틴을 믿어주고 응원해주는 사람들이 정말 많았다.

요즈음 오전에는 8시 50분에 오전장 매매 스트리밍을 켠다.
늘 채팅창에 동일한 시간에 반갑게 인사를 하는 구독자들이 점점 늘어난다.

"지윤님 영상은 루틴처럼 봐요"
"지윤님 덕분에 아침이 기다려져서, 일찍 일어나는 습관 생겼어요."
"주말엔 좀 쉬세요. 주말에도 감사합니다."
"지윤님 덕분에 아침이 너무 즐거워요. 주말은 지루해요"

그 말들이 나에게 말해줬다.
"나라는 사람이 루틴이 되었구나"라고

사실 나도 몰랐다. 그 꾸준함이 이렇게까지 나를 만든다는 걸.

처음에는 단지 살아내기 위한 습관이었다. 하지만 어느 순간부터 그 루틴은 내가 누구인지 설명해주는 "표현"이 되었고 결국은 내 삶을 증명하는 기록의 족적이 되었다.

나는 하루하루를 애써 쌓아올렸을 뿐인데 그 시간이 나라는 사람을 설명해주고 있었다.

사람은 참 신기한 존재다.
내가 나를 믿는다는 증거는 내가 한 말을 내가 계속 따라가고 있다는 사실에서 생긴다.

나는 '말' 이라는 루틴을 통해, 나를 견뎠고, 나를 증명했고, 결국 내 이름으로 살아가기 시작했다.

그게 바로 '믿지윤' 이었다.
누군가에게 믿음을 주기전에 나는 먼저 내 말에 책임지는 사람이 되고 싶었다.

말을 한다는 건, 단지 소리를 내는 게 아니다.
그건 존재의 선언이다.

나는 나를 계속 말하고 있었다.

무시당하던 시절에도, 의심받던 순간에도, 심지어 나 스스로조차 흔들렸던 그 시절에도 나는 매일 나를 부르고 있었다.

그리고 그 말들이 모여 내가 지금 여기에 있다는 증거가 되었다.

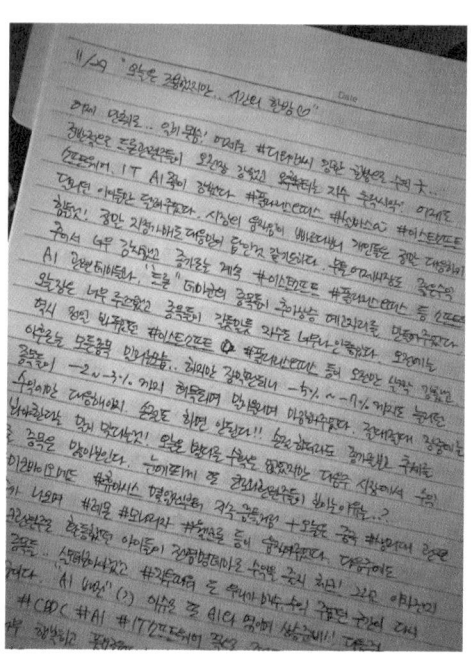

4.
조용한 기적은, 준비된 사람에게 온다.

"동시성의 타이밍, 그리고 나"

주식시장엔 종종 말도 안되게 맞아 떨어지는 타이밍이 있다.

지루한 흐름이 끝나고, 기어이 "그 자리"에 도달한 순간. 누군가가 뿌려놓은 뉴스 하나가 명분이 되어 오랫동안 잠잠했던 차트가 기적처럼 움직이기 시작한다.

나는 그걸 많이 봤고, 직접 경험했다.
묵묵히 매집된 흐름.

그 누구도 관심 없는 구간에서 버텨온 시간. 그리고 어쩌면 그냥 지나쳤을지도 모를 아주 작고, 조용한 뉴스하나. 그 순간이 오면 모든 것이 한 번에 설명된다.

"아 그래서 지금 이었구나"

나는 그것을 조용한 기적이라고 부른다.

그 기적은 늘 타이밍처럼 보이지만 사실은 오래 준비한 자만이 만날 수 있는 순간이다.
그리고 나는 안다. 이건 시장 뿐 아니라 인생도 똑같다는 걸.

내가 방송을 시작한 것도, 주식을 하게 된 것도, 어느 한 작가님을 알게 된 것도, 책을 쓰게 된 것도, 민지윤이란 이름으로 누군가의 감정을 울리게 된 것도 모두 계획한 게 아니었다.

수많은 동시성중 최근의 일화를 풀자면..

자산운용사를 취득하기 위해 시험장에 갔을 때 시험장의 급훈은 "중요한건 꺾이지 않는 마음" 이었고, 직감적으로 떨어졌음을 알고 있었으나, 유난히 그날따라 날씨가 좋았던 날. 하늘의 구름이 '따봉' 모양으로 선명하게 나를 비췄다.

이 두 상황만으로 큰 위로를 받았기에 결과에 전혀 절망적이지 않았다. 오히려 가벼운 마음으로 준비가 덜 되었던 공부들을 다시 이어나갈 수 있었다.

지금 이 원고를 몇 차례나 수정하며 보완하고, 출판사에 샘플원고를 보내며 투고를 해 보았지만, 생각보다 답변도 느리고, 3곳에서는 미안하다는 답을 받았다.

아, 이 책은 알려지기 위해 만들어진 책이 아니기에 단독출판을 알아보던 중,
아빠의 고등학교 선배분께서 원하면 해외출판까지 도와주실 수 있다며 적극적으로 시간을 내어 주셨고, 덕분에 미흡한 작가지만, 많은 도움을 받으며 빠르게 출판을 준비할 수 있었다.

기존 다니던 회사에서 큰 상처를 받고, 앞으로 이젠 무슨 낙으로 주식을 하나~, 방송도 없는데... 라는 우울함에 빠져있을 때, 한국경제tv에 지원할 수 있는 기회가 생겼다.

한국경제tv는 정확히 2024년을 마무리하는 12월 31일에 내 주식일기에 2025년, 한국경제tv의 전문가로 활동할 것이다. 라고 선언했었다.

친동생으로부터 좋은 대표님을 만나게 되어 그 인연을 계기로 내가 원하는 것들을 빠르게 만날 수 있었다.

런칭을 준비하는 6개월 동안 불확실한 상황이었기에 매일매일 믿지윤 채널 오전 라이브를 켰고, 방송을 기다리는 허공에 붕 뜬 내 시청자들이 자꾸만 눈에 밟혀, 기존 경제방송에서 활동하다시피 좀 더 자유롭게 그날그날의 시장을 풀었다.

그 사이에 구독자는 300명이나 증가했고, 라이브 시청은 30명에서 170명까지 고정시청자가 늘었다. 뿐만 아니라, 라이브영상을 편집해서 업로드하는 숏츠 영상은 조회수가 1천이 가뿐하게 넘어간다.

루틴이 엄청난 복리를 가져다준 것이다.
그저 조용히 반복했고, 믿었고, 멈추지 않았을 뿐이다.

처음 구독자님의 말 한마디로 어느 작가님을 알게 되었다.
그 사람이 하는 말보다, 그 사람이 그 말을 하며 영향력을 전파하는 그 모습이 너무 아름다워 보였고 멋있었다.

몇 개의 영상을 보고 궁금해서 바로 찾아갔다. 책에 사인을 해달라고 했고, 사진도 찍어주셨다. 그 이후로 작가님의 책 한권 한권을 읽어보고 사인을 받으러 종종 찾아갔다.

이번에 콘서트도 다녀왔는데, 참석자들은 행운의 복권을 받게 된다. 나는 "만남의 행복" 이라는 키워드가 당첨됐다.

세상에, 추첨결과, 만남의 행복에 당첨된 사람은 사인과 사진을 찍을 수 있는 복권이었다!!

이제는 작가님이 나를 박지윤님이 아닌 믿지윤으로 불러주셨다.
사인도 지윤님이 아닌 믿지윤으로 해주셨다.

세상에나 루틴이 이렇게나 대단하다니, 성공적이었다.

우리가 할 수 있는 건 매일의 루틴을 성실히 살아내는 것뿐이다.
그 안에서 마음을 다지고, 생각을 정리하고, 무너졌다가 다시 일어나는 법을 배우는 것.

어떤 명분으로 어느 타이밍에 그 성실이 기적적으로 연결될 지는 정말 아무도 모른다.
그러니 하고 싶은 건 다해보자. 부담되지 않는 선에서, 반복할 수 있는 것들을 하나라도 더 쌓아보자.

기적은, 타이밍이 아니라 준비된 사람 곁에 머문다.

그 사실을 나는 매일 내 계좌에서, 그리고 내 삶에서 조용히 확인하고 있다.

5. 결국, 내가 믿은 대로 흘러간다.

"나는 내가 적은 문장으로 살아간다."

사람은 자기가 뱉은 말로 살아가고, 나는 내가 적은 문장으로 살아간다.

주식일기를 쓰며 처음 배운 건, 돈보다 중요한건 방향이라는 것.
기록은 수익률보다 내 태도를 보여줬고, 차트보다 내 마음의 흐름을 읽게 해줬다.

하루하루 써내려간 문장들이, 내 기준을 만들었고, 내 투자원칙을 단단히 다져줬고, 결국 "믿지윤" 이라는 사람의 서사를 만들어줬다.

나는 어느 날 나를 이렇게 소개했다.
"안녕하세요. 혼조장 속의 여우같은 매매! 믿지윤입니다."
그 순간은 그냥 농담 같은 말이었는데 어느새 그 이름이 브랜드가 되었고, 진짜 방송에서, 진짜 투자 전문가로 불리고 있었다.

실제로 내가 수익을 내고, 계좌를 키워온 종목들은 많은 사람들이 말하는 '좋은 주식'과는 거리가 멀다,

시장에선 흔히 "잡주" "개잡주"라고 불리는 주식들이다.

대부분 시가총액이 적고, 잘 알려지지 않은 소형주들이며, 종목의 등락률과 움직이는 무빙이 거친 종목들이다.

차트는 거칠고, 움직임은 충동적이며, 뉴스 하나에 급등했다가 그 다음날은 조용히, 무심하게 천천히 내려온다.

하지만 나는 안다.
진짜로 움직이는 건, 늘 그 자리였다.
하락장에도 시장에서는 늘 상한가가 나오지 않는가?
그곳을 읽을 줄 아는 사람에게만 보이는 리듬.

내 종목들은 나와 닮았다.

잡주라 불리지만, 시장을 주도하고 있다.
이 끼주들은 겉보기엔 아주 거칠고 무서워보여도, 수도 없이 다뤄본 사람은 정확히 어떤 가격에서 어떤 가격까지 상승을 하고, 어떤 때 움직임을 주는지 명확하게 알 수 있다.

나는 사자를 다룰 줄 아는 사람이었다.

그 모든 건 내가 스스로 붙인 이름에서 시작됐다.

무심코 말한 말,
무심코 흘려 쓴 한 줄의 시황조차, 몇 달 후, 몇 년 후, 정말 현실이 되어 돌아오는 걸, 나는 수없이 경험했다.

그래서 더 조심스러워졌다.
그래서 더 간절해졌다.

말이 씨가 된다는 말은 그냥 미신이 아니다.
문장은 나의 신념을 데려오는 소리 없는 예고편이다.

나는 내가 쓴 문장으로 살아가고 있었다.
내가 만든 언어는 결국 나를 데리고 내가 가야할 곳으로 이끌고 있었다.

그러니 오늘도 나는 말한다.
나는 적는다.
조용히, 그리고 분명하게. 나를 더 좋은 자리로 이끌어줄 문장을.

6. 좋아하는 건 반드시 지키자, 나를 사랑하는 방식으로

"누구보다 먼저 나를 아끼고 사랑해줘야 한다"

좋아하는 걸 한다는 건, 내가 나를 사랑하는 가장 직접적인 방식이었다.
누구도 대신 해줄 수 없고, 대신 살아줄 수 없는 삶을 내가 살아낸다는 것.
그건 결국 "좋아하는 것을 지켜내는 힘"에서 시작됐다.

나는 책을 좋아했고, 말을 좋아했고, 사람의 마음을 오래 들여다 보는걸 좋아했다.
그 모든 "좋아하는 것들"을 따라가다 보니, 나는 어느새 내 이름을 걸고 방송을 하고, 내 이야기를 책으로 쓰고, 나라는 브랜드로 살아가고 있었다.

사람들은 자꾸 묻는다.

"너는 어떻게 그걸 계속했어?"
"그렇게 많은 일들을 어떻게 혼자서 해"
나는 그때마다 웃으며 말한다.

"좋아했으니까요. 그게 나였으니까요"

나는 내가 좋아하는 작가의 글에서 그 사람이 자기 삶을 너무 온전히 즐기고 있는 걸 느낀다.
일과 일상, 감정과 선택들을 누구의 눈치도 보지 않고, 정말 "알아차리며" 살아가고 있다는 걸 느꼈다.

그리고 그걸 보는 순간, 나도 그런 삶을 살아도 된다는 확신이 생겼다.
나도 내 삶을 좋아해도 된다는 허락이 생겼다.

그렇게 누군가의 삶이, 나에게는 거울이 되었다.

말조심해야한다고 믿는 이유도 그거다.

나는 말한 대로 되어왔고, 내가 나를 "믿지윤"이라 소개하자 세상도 나를 그렇게 불렀다.
"나는 내가 적은 문장으로 살아간다."
그 문장이 내 삶의 기준이 되었고, 그 기준이 나를 지켜줬다.

좋아하는 걸 하기로 한 건, 누군가를 보여주기 위함이 아니라 내가 나를 포기하지 않기 위해서였다.

누가 뭐라고 하든, 그건 너니까.
그건 내가 진짜 좋아하는 나니까.

지금 여기까지 온 것도, 결국은 내가 좋아하는 것들을 하나도 놓치지 않고 지켜냈기 때문이다.

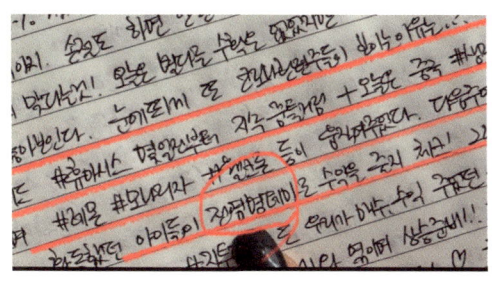

7. 단기 리스크는 인생의 한 장면

"겉은 파도였지만, 속은 방향이었다."

뉴스는 매일 바뀐다.
급락을 부르는 제목들, 예측 불가한 악재, 투자자들의 마음을 들쑤시는 숫자와 해석.

그럴 때마다 시장은 흔들린다. 아니, 맨날 흔들리는게 시장이다.
"원래 시장은 매일 혼조스럽게 흔들린다. 원래 그렇다"

하지만 나는 배웠다. 그 흔들림이 "본질"은 아니라는 걸.
그건 그저 잠깐 지나가는 파도이며, 본질을 가리려는 의도적인 명분이다.

문제는 그 파도에 흔들려 내가 가던 방향마저 바꿔버릴 때 생긴다는 것.

나는 매일 나에게 묻는다.
"그건 진짜 방향을 바꿔야 할 사건이야?"
"아니면 그냥 소란이야"

처음에는 구분이 안됐지만, 시장과 삶을 매일 기록하면서 나는 조금씩 "나만의 리듬"을 만들었다.

이때쯤 요런 걸로 한번 흔들 때가 되었지.
그래 이정도 내용이면 이 정도까진 반응하겠다.
"그러라 그래"

내가 만든 투자 기법도, 사실은 파도 속에서도 방향을 기억하려는 연습이었다.

사람들은 단기 리스크를 두려워한다. 하지만 나는 안다.
방향을 지키는 사람이 결국 살아 남는다는 걸.

시장에서도, 인생에서도 단기 리스크는 위협이 아니라 검증도구다.

내 기준을 지킬 수 있는가. 내 방향을 다시 확인할 수 있는가.

"나는 변동성을 견디는 법을 수익보다 먼저 배웠다"

PART 4.

전파하는 사람으로 살아간다는 것

"나의 변화가 누군가에겐 용기가 된다. 말하는 사람, 믿는 사람, 사랑하는 사람"

1.
민지윤 채널, 또 하나의 나

"나는 계속 나를 말하고 있었다."

나는 스스로를 수십 번 설명해야만 했던 사람이다.
그 조차도 뭐라고 설명해야할지 정의가 없었다.

혼자 애를 키우는 젊은 엄마이자, 직장인이자, 투자자이자, 방송인이자, 이제는 작가로도 불릴 나.

그 모든 이름을 감당하려 애쓰던 시간 속에서 오히려 "민지윤" 이라는 이름은 가장 자유로웠다.

민지윤 채널은 처음부터 거창한 계획으로 시작되지 않았다. 그저 SNS 커뮤니티에 나의 투자 타점과 투자 관점을 올리기 시작했고, 내 피드에 도움이 된다는 댓글들이 달리며 만들어진 불특정 다수들로부터 시작됐다. 함께 정보를 공유하고 그저 오늘 내가 공부한 걸 말로 정리해두면, 내일의 내가 더 잘 이해할 수 있을 것 같아서. 그렇게 매일 하나씩 영상을 올렸고, 구독자들은 더 많아지며 나의 이름을 믿고 보는 박지윤 #믿지윤 이라고 지어주었다.

그게 어느새 나의 일상이 되고, 루틴이 되고, 결국 나의 또 다른 내가 되었다.

사실 카메라 앞에서 시장을 말하지만 나는 내 마음을 말하고 있었고, 시황을 분석했지만 그 안엔 늘 "나의 해석" 이 담겨 있었다.

시청자들은 종목을 보러 왔다가, 결국은 사람을 보고 간다고했다.

내 말투, 내 생각, 내 톤과 감정. 모든 게 다 나였고 나는 그 진짜 모습을 숨기지 않기로 했다. 아니, 나는 감춰지지 않는 존재였고 숨길 수 없는 투명한 사람이었다.

유튜브 채널은 어느 순간부터 계좌보다 더 솔직한 내 자산이 되었다. 지금의 나는 그걸 안다. 숫자보다 그래프보다 더 오래 남는 건 결국 "사람의 말 "이라는 걸..

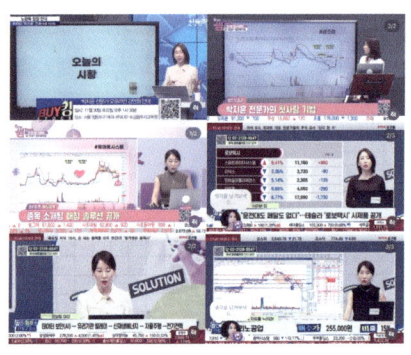

믿지윤이라는 또 하나의 나를 세상에 전파하게 된 건 우연이었지만, 그 우연히 내 삶의 방향이 되었다.

2. 타인이 묻는다 "그래서 너는 얼마나 벌었는데?"

"진짜 수익은 말이 아닌 기록으로 남는다."

콘텐츠를 하다 보면, 글을 쓰고 시장을 이야기하다 보면, 결국 사람들은 이렇게 묻는다.

"그래서 얼마 벌었어요?"
"그렇게 열심히 해서 수익은요?"
마치 그 숫자가 나의 증명서라도 되는 것처럼.

처음엔 이 질문이 참 불편했다.
마치 내가 쌓아온 시간이 고작 숫자로만 환산되어야 하는 것처럼 느껴졌다.
내가 살아낸 감정, 내가 지켜온 원칙은 다 사라지고 "결과만 말해"라는 시선만 남는 것 같았다.

그래서 한동안은 그 질문에 맞서려 애썼다,
수익률을 말하고 포지션을 설명하고, 계좌를 열어 보여주고, 하지만 그럴수록 나의 방향은 흐려졌다.
나는 설명하는 사람이 아니라 살아내는 사람이고 싶었는데, 그때 깨달았다.
사람들이 정말 알고 싶어 하는 건 내가 얼마나 벌었느냐가 아니라, 그 수익을 가능하게 만든 내 방식, 내 루틴, 내 신념이었다는 걸.

그리고 결국은 그것을 만든 사람이 나라는 사람 이었다는 걸.

지금은 그 질문이 더 이상 짜증나지 않는다.
왜냐면 나는 이미, 살아온 시간으로 증명된 사람일뿐더러, 나와 함께하는 이들이 대신 결과로 증명해주고 있기 때문이다.

말하지 않아도 아는 사람들이 생기고, 숫자가 없어도 신뢰가 쌓이고, 침묵 속에서도 영향력이 흐르는 걸 안다.

나는 지금도 증명중이다. 내가 버텨낸 시간으로 지겹도록 반복한 루틴으로, 복리처럼 쌓인 나의 존재로. 그러니 이제는 그 어떤 질문에도 조급해지지 않는다.

내가 항상 휘발성 돈이 아닌 무거운 돈을 가져야 한다고 투자자들에게 말한다.
이 문장 또한 작가님의 인터뷰에 실려 있어서 내가 정말 소스라치게

놀란 적이 있다.
모두가 같은 종목을 보고 있어도 누군가는 여윳돈으로, 누군가는 신용 미수를 쓰며 매매한다.

같은 타점, 같은 종목, 심지어 같은 수익률이어도 결과는 전혀 다르다.
돈의 무게가 다르면 마음의 반응도 달라진다.
어떤 사람에게는 그 손절이 여유지만, 어떤 사람에게는 그 손절이 붕괴다.

그러니 결과만 보고 비교하지 말고, 상황을 모르면서 함부로 재단하지도 말자.

마찬가지로 나를 이해하지 못하는 사람에게 끝없이 설명하려 애쓰지 않아도 된다.
상황이 다르면, 감정도, 속도도, 방향도 다르다.

나는 지금 내 리듬대로, 내 여유 안에서, 내 방식대로, 충실히 버티고 있을 뿐이다.
그리고 그 자체가 이미 누군가에게는 조용히 전파가 된다.

나는 수익률이 아니라 살아남는 방식을 전하고 있다. 지금 이 계좌가 마이너스라고 해도, 나는 매일 계속 아침 시황을 준비하고, 그날의 종목을 찾고, 영상을 찍고, 말을 정리한다.

이 모든 루틴이 내가 벌고 있는 것이다. 단지 통장에 찍히지 않을 뿐,.

나는 안다. 수익은 결과일 뿐, 그걸 가능하게 하는 건, 수많은 선택과 관찰, 기다림, 그리고 복리의 습관이라는 걸.

"믿음은 보상" 나와 함께하는 투자자들은 기다림 끝에 내가 말한 목표가격까지 도달하면 이 단어를 외친다.

사람들은 숫자를 원하지만 나는 방식을 보여준다.
"이렇게 살아도 돼요"
"이렇게 하는 게 진짜 투자 아닐까요"

그 말 하나로도 누군가의 하루가 조금은 덜 흔들릴 수 있다면, 나는 이미 충분히 잘하고 있는 거다.

내가 전하고 싶은 건,
얼마 벌었는가가 아니라,
어떻게 살아냈는가 이다.

3. 침묵이 말이 되는 사람이 되고 싶다.

"말하지 않아도 믿어지는 사람"

처음엔 나도 말하고 싶었다.
내가 뭘 해왔는지, 어떻게 버텼는지, 왜 이 방법이 맞는 건지를 소리 내 설명하고 싶었다.

그런데 어느 순간, 말을 줄이고 비교를 멈추고 나서야 비로소 보였다.

조용한 사람이 더 오래 남고, 진짜 실력은 말보다 "기록"에 남는다는 걸.

나는 방송도 하고 콘텐츠도 만들지만, 그 안에 진짜 담고 싶은 건 내 목소리가 아니라 내 삶의 진동이다.

그래서 지금은

내 계좌가 말하게 두고,
내 루틴이 설명하게 두고,
내 감정이 고요하게 증명하게 둔다.

나는 언젠가 "굳이 말하지 않아도 아는 사람"이 되고 싶다.
그게 진짜 전파고, 진짜 영향력이며, 조용한 기적이 닿는 방식이라고 믿는다.

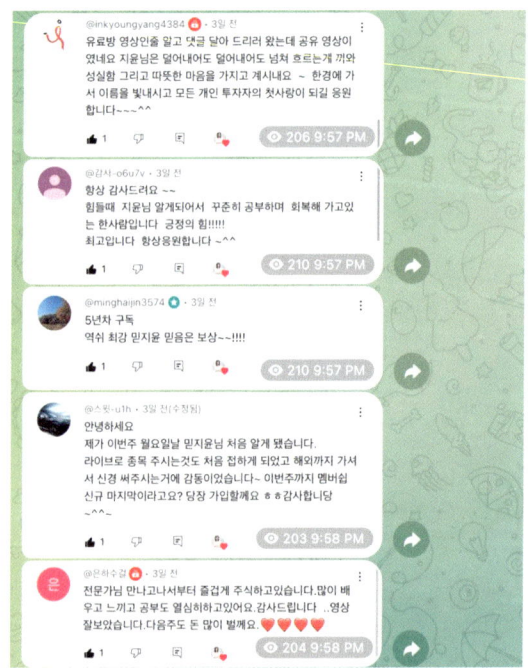

4. 나는 말로 기적을 쓰는 사람이다.

"내 언어가 나를 만들었다"

나는 언젠가부터,
누군가의 말 한마디에 위로받고, 누군가의 글 한 줄에 방향을 찾곤 했다.

나도 그런 사람이 되고 싶었다.
어떤 말은 날카롭고,
어떤 말은 따뜻하며,
어떤 말은 오래 남는다.

그래서 나는 말하기 전에 늘 묻는다.

"이 말은 누군가의 마음에 남아도 괜찮을까?"
"내가 전하는 이 언어는 기적이 될 수 있을까?"

전파하는 사람으로 산다는 건, 많은 이들에게 보이는 사람이 되는 것이 아니라, 많은 이들의 "내면에 머무는 언어"를 전하는 사람이 된다는 뜻이다.

나는 그런 언어를 가지고 싶다.
누군가를 흔드는 문장이 아니라 누군가를 일으키는 문장.
한순간 반짝이는 말이 아니라 삶 깊이까지 가 닿는 말.

그리고 지금, 내가 써 내려가고 있는 모든 문장이 그렇게 누군가의 삶에 도착하기를 바란다.

기적은 멀리 있지 않다.
말이 닿는 곳에서 기적은 시작된다.

PART 5.

결국 나의 가장 큰 자산은 나 자신이었다.

"숫자보다 중요한 건, 나라는 사람의 지속성이다."

1. 복리는 살아낸 시간의 증거다.

"수익은 숫자가 아니라, 살아낸 하루의 총 합이다"

많은 사람들이 수익률을 묻는다.

"이번 달 몇 퍼센트 수익이에요?"
"이번 달엔 얼마 벌었어요?"

숫자는 말이 빠르다.
그래서 사람들은 숫자로 나를 재단하려 한다.
하지만 나와 내 사람들은 안다.

진짜 중요한 숫자는, 실현된 "복리"의 숫자라는 걸,

한때는 나도 매일 매일의 수익률에 일희일비했다.
그날 오르면 기분 좋고, 그날 손실이면 나 자신이 다 틀린 것 같았다.

그런데 어느 순간부터 내가 적어둔 주식일기, 매일의 수익을 캡처한 사진들, 계속 쌓여가는 실현손익의 숫자들이 "나를 설명해주는 말이자 마음"이 되기 시작했다.

한 달의 수익보다, 1년의 실현손익이 나를 더 정확하게 설명해주고, 한 번의 대박보다, 천천히 쌓인 복리가 나를 더 단단하게 만들어줬다.

어떤 날은 팔지 못해 후회하고, 어떤 날은 조급해서 일찍 매도했다.

하지만 그 모든 하루가 쌓여 내 복리시스템이 되어 있었다.

사람들은 말한다.
"저 수익률 , 어떻게 된 거에요?"
"와 어떻게 하루도 빠짐없이 성실하게 수익이에요?"
"하락장에는 어떻게 수익을 내는 거에요?"

차트는 숫자를 기록하지만 나는 감정을 기록했다.
내가 복리로 키운 건 수익만이 아니라 나 자신이라는 자산이었다.

그러니 지금 내가 말 할 수 있는 건
"나는 내 계좌를 믿는다"가 아니라
"나는 나 자신을 믿는다"라는 것이다.

2
나는 고점을 맞추는 사람이 아니다

"나는 방향을 택하고, 시간을 견디는 사람이다"

"지금이 저점인가요?"
"이제 팔아야 하나요?"
"고점이에요, 더 가요?"
그건 마치 묻는 사람도 답하는 사람도 마법 같은 정답을 원한다는 뜻이다.

그런데 시장에 정답은 없다.
있다면 그건 "과거차트" 속에만 있을 뿐이다.

나는 저점과 고점을 맞추는 사람이 아니다.
나는 구간과 흐름을 이해하는 사람이다.

한 종목의 시작부터 끝까지 함께하지 않아도, 그 안의 "복리구간"을

내 것으로 만들 수 있다면 그걸로 충분하다,

그게 바로 내 방식이다.
나는 급등을 쫓지 않는다.
나는 화려한 수익률보다, 지속가능한 구조를 설계한다.

단기적인 숫자보다 버텨낼 수 있는 구간, 감정의 소모가 덜한 리듬을 만든다.

누구나 매수는 할 수 있다.
하지만 이익을 "지속시키는 사람"은 많지 않다.

내가 만들고 싶은 건 단 한 번의 타이밍이 아니라 살아있는 계좌다.

버티고, 회수하고, 다시 진입할 수 있는 용기까지 포함된 구조.

그건 기술이 아니라 철학이다. 내가 믿는 방식, 내가 살아낸 시간, 그리고 내가 만들어 낸 시스템이다.

복리는 수익만을 위한 것이 아니다.

왜 이런 복리의 마법을 혼자만 알고 있지 않고 남에게 알려주느냐고 묻는 사람이 있었다. 그 질문은 내게 오히려 확신을 주었다.

우리는 모두 타고난 재능이 있다. 그리고 그 재능이 주어진 데는 반드시 그만한 이유가 있다고 믿는다.

열정은 전염성이 강하기 때문에 나누면 줄어드는 것이 아니라, 배가 되어 돌아오는 복리의 또 다른 이자가 된다.

진짜 행복한 사람은 내가 가진 재능을 최대한 활용할 줄 아는 사람.

내가 가진 것이 누군가에게 유익하다고 믿는다면, 최대한 많이 알리는 것이 최대한의 이자를 만들어내는 방법이다.

행복은 크기가 아니라 빈도다. 계좌도 수익의 크기가 아니라 빈도임을 알아야한다.

결국엔 내가 나누는 모든 것들이 나를 설명하지 않아도 대신해서 증명해줄 것이다.

3. 내 계좌는 마켓처럼 구성 돼 있다.

"난잡해보여도, 아무렇게나 들고 있는 건 하나도 없어"

누가 내 계좌를 처음 보면 이렇게 말한다. 아마 한국경제 매매테스트를 봤을 때도 굉장히 의아했을 것이다.

"어지럽다"
"종목도 많은 것 같고"
"그냥 물린 거 아니야?"

근데 그건 겉으로 봐서 그렇다. 내 계좌는 "아무렇게나" 들고 있는 종목이 하나도 없다.
모든 종목에는 각각의 역할이 있고, 나는 그 역할을 알고 배치한다.

(1) 버티는 종목

장기적인 방향성과 신념을 가진 종목, 큰 그림에서 상승 흐름이 올 때 가장 크게 회복할 '핵심포지션'이다. -20%건 -30% 건, 끼 있는 화끈한 종목이기에 전혀 쫄지 않는다.

(2) 하락중에도 수익을 내는 종목
단기트레이딩 종목이자 심리적 안전장치. 난 이런 종목을 포장마차 종목이라고 부른다.
힘들 때, 소주한잔 하고 싶을 때, 찾게 되는 상황을 비유했다.
시장이 흔들릴 때 계좌의 체온을 유지시켜 주는 역할이다. 실현수익으로 "현금흐름"을 지속시킬 수 있게 만들어주는 구조.

(3) 테마, 섹터, 정책별 대기 포지션
순환매 구간에서 들어갈 준비를 마친 상태.
지금은 조용하지만, 뉴스 하나에 바로 움직일 수 있는 "대기중인 기회들"이다.

이 구조는 단지 분산투자가 아니다. 그 이상이다.
계좌를 "시장처럼" 설계하고 운용하는 방식.
그래서 나는 떨어져도 무너지지 않고 오를 때 흥분하지 않는다.
내 계좌에는 흐름이 있고 리듬이 있고, 전략이 있다.
누구나 종목은 살 수 있지만, "의도를 가진 포지션"을 유지할 수 있는 사람은 많지 않다.
내 계좌에 찍히는 "실현손익" 숫자들은 그 모든 오해를 조용히 이긴다.

나는 단기의 현재 "마이너스"에 흔들리지 않는다.
그 뒤에 굳게 매일 성실히 찍히는 "실현수익"들이 지금의 마이너스를 다 감싸 안고도 오히려 더 크게, 더 단단하게 계좌를 떠받치고 있기 때문이다.

누군가는 당장의 계좌상황만 보고 판단하지만 나는 시간과 구조를 본다.
계좌도 인생도 본질은 "물림의 연속"이라고 편하게 생각하자.

우리는 늘 뭔가 걸려있지 않은가?
타이밍, 감정, 관계, 실패한 선택들, 그리고 그 순간은 늘 "이 길이 맞나?"하고 흔들리게 만든다.

하지만 중요한건 그 물림에서 얼마나 단단해 졌는가 이다.
물린다고 끝나는 게 아니다.
진짜 중요한건 그걸 어떻게 복리로 회복하느냐이다.

물렸던 시간도, 흔들렸던 감정도, 결국은 다 내안에 복리로 쌓였다.
믿음은 보상.

4.
고점과 저점사이 내가 살아번 모든 시간들

"그래서 난 복리로 살아간다."

차트는 늘 정직하다. 하지만 우리가 보려하지 않는 부분은, 차트는 결코 직선으로만 움직이지 않는다는 것이다.

상승은 언제나 고점과 저점의 반복 속에 완성된다.
그저 위로만 올라가는 상승은 없다.

한 번 올라가면 또 꺾이고, 다시 오르고, 다시 눌린다.
그리고 나중에 멀리서 다시 보면, 그 저점마저도 전보다 높았다는 걸 깨닫게 된다.

하락도 마찬가지다. 계속 떨어지다가도 한번쯤은 반등이 온다.

"여기쯤이면 멈추겠지" 싶은 순간이 오고, 잠시 오르기도 한다.

그러다 다시 미끄러지고 또 어디가 바닥인지 알 수 없게 된다.

그렇게 고점과 저점을 반복하는 사이, 우리는 묻는다.

"왜 나는 이 흐름을 읽지 못했을까?"
"왜 여기서 샀고 왜 저기서 팔았을까?"

그런데 중요한건 이거다.

우리가 기억하는 건 늘 극단의 순간뿐이라는 것
고점과 저점
환호와 절망
사랑과 이별

그리고 그 외의 수많은 시간들은 너무 쉽게 잊힌다.

그래서 나는 이제 고점과 저점만 보지 않는다.

그 사이 내가 버텨낸 시간, 흔들려도 놓지 않았던 원칙, 조용히 흘려보냈던 인내와 성장이 결국 나를 여기까지 데려왔다.

기적은 늘, 고점이나 저점이 아니라 그사이, 내가 살아낸 시간 속에 있었다.

5. 결국 본질은 단순하다.

"복잡한 건 불안한 마음이 만든다."

사람들은 자꾸 새로운 것을 찾는다.
복잡한 무언가, 특별한 비법, 드라마틱한 반전. 하지만 오래 살아본 사람은 안다.
진짜 중요한건 언제나 가장 단순한 것이라는 걸.

다이어트 해본 사람은 안다.
몸에 좋은 음식을 먹고 덜먹고, 꾸준히 움직이면 된다는 걸. 하지만 우리는 자꾸만 돌아간다.
보조제를 찾고, 유행하는 식단을 검색하고, 기적처럼 빠지는 방법이 어딘가 있을거라 믿는다.
그러다 어느 순간, 결국 다시 깨닫는다.

"아 그냥 기본을 꾸준히 하면 되는 거였구나"

주식도 다르지 않다. 지지와 저항, 상승과 하락, 이동평균선 위인지 아래인지, 거기에 뉴스 하나만 더해도 그 종목의 흐름은 이미 90% 이상 감각적으로 보인다.

그런데 사람들은 대부분 자꾸만 복잡하게 만든다.

화려한 보조지표, 수십개의 검색식, 눈은 피곤해졌고 마음은 더 불안해졌다.

정작 기본은, 재미없지만 결국 가장 강하니까.

나도 알고 있다. 결국 계좌를 살리는 건, 기법이 아니라 기본, 신호가 아니라 구조, 한 방이 아니라 복리라는 걸

그래서 나는 다시 돌아온다,. 본질로.
지겹도록 단순한 것들 위에 나의 기적은 쌓여간다.

"튜닝의 끝은 순정이다" 복잡해서 틀리는 게 아니다, 단순함을 못 견뎌서 틀리는 거다.

6. 인맥도 결국 실력이다.

"사람은 나를 닮아온다."

내 실력과 가치가 올라가면 사람이 달라지고, 공간이 달라지고, 내 시간에 머무는 얼굴들도 달라진다.

그러니 관계도 억지로 끌어가지 말자.
붙잡는다고 남는 것도 아니고, 밀어낸다고 떠나는 것도 아니다.

원하는 사람, 끌리는 기회, 그 모든 건 결국 지금의 나라는 사람의 에너지와 방향성에 자연스럽게 이끌려오게 되어 있다.

주식도 다르지 않다. 처음엔 주목받지 않던 종목이 어느 날 갑자기 시장에서 가장 뜨거운 테마의 수혜주가 되어 눈 깜짝할 새 상한가를 간다.

"얘가 왜?"싶은 순간, 차근히 들여다보면

그 종목은 이미 조용히 준비하고 있었다.
작게 움직이고, 실적을 다지고, 매집을 하고 있었고, 누군가는 그 가능성을 보고 있었던 것이다.

인생도 주식도 결국은 관계의 끌림이다.
억지로 이어 붙이지 않아도 된다.

제 방향으로 성장한 것들은 자기자리를 찾아 서로를 당기게 되어 있다.

그러니 불안해 말자.
나를 키우는 일이 결국,
내 곁의 사람을 바꾼다.
내 시간의 밀도를 바꾼다.
내 인생의 흐름을 바꾼다.

오늘도 나는 조용히 당기는 힘을 만드는 중이다.

7. 사랑하듯 분산하고, 분산하듯 사랑하라

"감정 회복 탄력성과 포트폴리오 분산의 기술"

이 글을 읽다보면, 결국 그래서 기다리는 게 정답이라는 거야?
아니다. 가장 중요한 걸 이야기 하려한다.

투자든, 관계든
한쪽에만 마음을 쏟으면 결국 흔들리게 되어있다.
나는 수많은 하락장과 오해, 그리고 조급한 기대 속에서 배웠다.

비중은 곧 마음의 무게다.
비중을 잘 나누는 일은, 결국 나를 잘 지키는 일이다.

같은 종목을 사더라도, 한 사람은 계좌의 50%를 담고, 다른 사람은 5%만 담는다.
두 사람 모두 같은 차트를 보고, 같은 뉴스에 반응하지만, 느끼는 감정의 크기, 피로도, 판단력은 전혀 다르다.

이것이 바로 심리적 베타값의 차이다.
**베타값(BETA)은 시장 전체 대비 개별 자산의 변동성인데, 나는 여기에 감정의 민감도까지 더해 해석한다.

비중이 클수록 베타는 커지고, 감정은 더 요동친다.

나는 이 과정을 통해 **현대 포트폴리오 이론(MPT)의 핵심을 내 방식으로 이해하게 되었다.

자산 배분과 비중 조절을 통해 같은 기대수익률에서도 리스크는 낮출 수 있다.

이론에선 이를 **샤프지수(Sharp Ratio)로 표현하지만, 나는 이렇게 말하고 싶다.

"같은 수익을 낼 거라면, 마음이 더 편한 구조가 좋은 포트폴리오다"

비중을 나누는 순간, 내 감정의 분산효과도 함께 시작된다.

내가 올인하지 않으면, 한 종목이 흔들려도, 나의 세계는 무너지지 않는다.

더 중요한건 **회전률(Rotation rate)이다.

시장이 흔들릴 때, 나는 오히려 더 자주 매매하고, 더 자주 수익을 챙긴다.
왜냐하면 내 계좌는 한 종목에 묶여 있지 않기 때문이다.

높은 회전률은 정보가 아니라, 건강한 감정 상태와 유연한 포트 구조에서 나온다.

나는 감정까지 고려한 리밸런싱 전략을 쓴다.
계좌 수익률만 보지 않고, 내가 어떤 종목에서 유난히 힘들어 하는지를 본다.

- 너무 오랫동안 내 감정을 소진시킨 종목은 줄이고,
- 새롭게 에너지를 주는 업종을 편입하고,
- 한쪽 테마에 몰리지 않게 감정도 자산도 나눠 담는다.

이게 내가 바로 생각하는 **감정형 포트폴리오 이론이다.

현대 금융 이론을 따라가되, 그것을 나의 언어로, 살아 있는 감정으로 해석하는 기술.

그래서 나는 이렇게 정리하고 싶다.

투자는 결국 감정의 싸움이고, 비중은 그 감정을 조절하는 레버다.

사랑하듯 분산하고,

분산하듯 사랑하라.
마음이 먼저 버티면,
수익은 그 뒤를 따라온다.

PART 6.
기적은 전염된다

"믿는 만큼 보이고, 말한 만큼 이루어진다."

1. 나는 내가 버텨번 시간의 전문가다

"시간이 나를 전문가로 만들었다."

나는 대단한 학력도, 화려한 스펙도 없이, 이 세계에 발을 디뎠다.

그저 매일 시장을 보고, 매일 계좌를 쓰고, 매일 공부하고, 그렇게 이론도, 시스템적인 순서도 없이 수백 번의 "실전"을 먼저 살아내고 경험했다.

누구보다 어린 나이에 처음으로 "여성전문가" 타이틀을 달았고, 매일 유리 멘탈로 흔들리는 계좌 앞에서도 내 원칙과 철학을 지켜내려 애썼다.

그 누구도 보장해 주지 않은 자리,
그 누구도 대신 살아주지 않은 시간.
나는 그 모든 걸 내 이름, 내 언어, 내 방식으로 버텼다.

"시장이 너무 어려워요."
"경제 뉴스는 들어도 무슨 말인지 모르겠어요."

나는 그 마음을 안다. 나도 그랬으니까.
그래서 나는 그 딱딱하고 복잡한 시장 언어들을, 내 언어로 다시 번역해 전해주는 사람이 되고 싶었다.

그래서 지표는 감정처럼, 수급은 사람처럼, 차트는 삶처럼 풀어서 이야기하기 시작했다.

"마이너스도 결국 복리입니다"
"손절도 결국 습관이에요"
"고점이 무서운 게 아니라, 기준 없는 마음이 무서운 거에요."
"시장은 늘 기다릴 줄 아는 사람을 기억합니다."

시청자들은 반응했다

"이해가 너무 잘돼요"
"재밌어요. 쏙쏙 귀에 박혀요"
"원래 뉴스 보면 머리 아픈데, 지윤님 얘기 들으니 맘이 편해요"
"이제야 좀 보여요 , 뭘 해야 하는지 알 것 같아요."

내 유행어들도 생기기 시작했다
"중꺾가- 중요한건 꺾이지 않는 가격"

"끼주- 끼있는 주식"
"믿음은 보상 – 기다림의 미학"

이런 피드백을 받을 때마다 나는 확신했다.
내가 쌓아온 시간, 버텨온 계좌, 매일 적어온 일기.
그리고 "내 식대로 해석한 시장의 말들"이 누군가의 마음을 움직이고 있다는 것을.

나는 단지 숫자와 차트를 해석하는 사람이 아니라, 사람과 시장 사이를 이어주는 언어 번역자였던 거다.

누구나 말할 수 있다.
하지만 누구나 "닿게" 말할 순 없다.

나는 이제 안다. 내가 살아낸 시간과 철학이 담긴 언어는 누군가에게 꼭 필요한 "믿음"이 될 수 있다는걸

그리고 그 믿음이 또 다른 사람의 "기적의 시작점"이 될 수 있다는 걸.

나는 내가 버텨낸 시간의 전문가다.
그리고 지금 그 시간을 나만의 언어로 해석해 전파하는 사람이다.
그 언어는 누군가의 불안을 덜어주고, 누군가의 방향이 되어준다.

기적은 그렇게 전염된다.
하나의 마음에서, 또 다른 마음으로.

2.
숫자를 넘는 확신, 사람을 향한 말들

"내 말은 계좌가 아니라, 사람을 향했다"

나에게 묻는 질문들은 뻔하다
"몇 프로 먹어요?"
"지금 뭐 들어가야 되요?"

그 물음에 답하지 않으면 존재조차 증명되지 않는 분위기속에서 묵묵히 헤쳐 나가야했다.
하지만 곧 알게 됐다.
진짜 전문가란, 숫자로만 설명되는 사람이 아니라는 것.

그저 지금 올라가는 종목을 말하는 게 아니라, 그 사람의 마음을 지키는 방법을 말해주는 사람.
그래서 나는 이렇게 말한다.
"지금 올라가는 게 중요한 게 아니라, 지금 당신이 흔들리지 않는 게 중요합니다."
"기회는 늘 와요. 그 기회가 왔을 때 당신이 대응할 수 있도록 돕는 게 제가 할 일이에요"
내가 전파하는 건 종목이 아니라 철학이고, 단타가 아니라 지속 가능한 생존구조이고, 법이 아니라 마음의 언어다.

이제는 누군가 나의 언어를 따라 말하고, 나의 철학을 공부하고 내가 전한 방법으로 자기 계좌를 지켜가는 모습을 본다.
그럴 때마다 이제는 내 수익보다, 그들의 성장과 확신이 더 중요하구나 싶다.

전문가는 많은 걸 안다고 착각하는 사람이 아니라, 많은 사람을 이해하고 기다릴 수 있는 사람이어야 한다.

나는 지금 그 기다림 속에서 기적을 전파하고 있다.

수익은 숫자지만, 전파는 사람이다.
나는 사람을 향해 말하고 싶다.
그리고 그 말이 누군가의 마음에서
싹이 되어
자라길
 바란다.

3. 말이 씨가 되는 순간들

"입 밖으로 꺼낸 순간, 현실은 바뀐었다"

처음엔 그저 말이었다. 시황정리, 계좌리뷰, 종목분석, 누구나 말하는 것처럼 나도 그렇게 시작했다.

하지만 어느 날 댓글 하나가 눈에 들어왔다

"민지윤님 말 한마디에 버텨서 수익으로 잘 나왔어요."
"그날 말 듣고 손절 안했어요. 수익 냈어요."
"지윤님은 제 워너비에요. 끝까지 함께 해 주세요."
"지윤전문가님을 보면 양귀비와 동백꽃 같아요. 새하얀 겨울에도 단단하게 피어나는"
"함께 할께요. always with you 응원합니다."

사실 많이 울었다. 곁에 누구 한명 없어도 이런 댓글과 감사함을 받을 때마다, 벅차올라서 너무 행복해서, 위로받는 느낌이어서 혼자서 감사함에 많이 울었다.

내가 흘려보낸 말들이 누군가에겐 씨앗이 되었구나. 어쩌면 나는 단순히 정보를 전달하는 사람이 아니라, "마음에 남는 문장을 건네는 사람"일지도 모른다고.. 글을 쓰며 생각해보니, 정말 5년 전부터 꾸준하게 따뜻하게 나를 수호해주시는 구독자님들께 너무나도 감사하다.

방송이든, 강의든, 책이든 나는 늘 같은 마음으로 말한다.

단 한 문장이라도 그 사람 마음 어딘가에 남기를.
흔들릴 때 떠올려지는 목소리가 되기를.

그래서 오늘도 말한다.

"지금 수익이 아니어도 괜찮아요. 모든 상승은 하락을 버틴 사람에게만 보여요"

"다른 사람이 이해하지 못해도 괜찮아요. 우리가 만들어가는 루틴과 리듬이 결국 증명해줄 거고 지켜 줄거에요."

이 말들이 계좌를 살리고 관계를 살리고 마음을 살릴 수 있다면 나는 앞으로도 계속 말할 것이다. 왜냐면, 진짜 기적은 늘 말에서 시작되니까.

말은 씨가 된다. 그리고 그 씨는 버텨낸 사람의 계좌와 삶속에서 피어난다.

이제 나의 말은 누군가의 계좌를 움직인다.
그 계좌는 또 다른 사람에게 확신을 준다. 기적은 그렇게 전염된다.

4.
내가 만든 시스템, 누군가의 삶이 되다.

"처음엔 나를 살리기 위해 만든 시스템이었다."

나 혼자 잘하려고 만든 시스템이었다.
루틴, 다이어리, 복기, 기록, 그리고 작은말 한마디.

하지만 시간이 지나며 알게 되었다.
내가 만든 이 흐름이 누군가의 하루를 바꾸고 있다는 걸

주식이라는 이 커뮤니티는 대개 좁고 험하다.

누군가를 탓하고 상황을 비난하며 손실 앞에 분노하고 이익 앞에 조롱이 오간다.

나는 그 흐름이 싫었다.
그래서 조용히 내 방을 만들었다.

내 계좌를 복기하고 하루의 감정을 쓰고 오늘의 시장을 내 언어로 해석해 기록하고 공유했다. 아무런 대가없이 그냥 내가 좋아서.

그랬더니 그 공간이 달라졌다.

누군가는 내 말 한 줄에 안심했고, 누군가는 내 복기에 자극받았고, 누군가는 스스로도 다이어리를 쓰기 시작했다.

그리고 그 방은 감사와 감탄으로 채워지기 시작했다.
오히려, 비난을 하거나 조롱하는 이가 들어오면, 정말 이상한 취급을 받으며 쫓겨 나는 상황이 되니 모두 선한 사람만 모여 있는 방이 되었다.

하루의 끝마다 올라오는 멘트들은 항상 이렇다.

"오늘도 지윤님 덕분에 수익이에요"
"오늘 저도 주식일기 쓸거에요."
"저 오늘 첫사랑기법으로 ㅇㅇ종목 봤는데 지윤님이랑 같은 종목이어서 기뻐요"
"아 지윤님 말 듣고 버텼는데 오늘 날았잖아요."

큰 수익이 나서가 아니다. 정말 사소한 것에도 서로 감사하고, 안좋은 상황이었어도, 잘 되겠죠~ 다시 기다려 볼께요. 그래도 오늘 수익 냈어요.

이런 식의 "오히려 좋아"로 대하는 태도들이 내 주변을 더 풍요롭게 만들었다.

나는 깨달았다.

내가 끌어당기고 있었구나.
내가 만든 언어와 분위기.
내가 쌓아온 시스템의 에너지가, 같은 진동수의 사람들을 부르고 있었구나.

그래서 이제는 확신이 생겼다.
복리는 계좌에만 붙는 게 아니었다.
좋은 에너지도 복리처럼 커진다.

내가 만든 이 시스템은 그저 투자법이 아니라 누군가의 삶 전체를 움직이는 성장 루틴이 되었다.

지금도 나는, 내 방, 내 채널, 내 책에서 누군가의 하루가 조용한 기적으로 전염되는 장면을 매일 목격하고 있다.

이건 기적이 아니라 기적이 되기로 결심한 사람의 꾸준한 실천이다.

그리고 그 시작은 늘 "하루 하나의 말이었다."

5.
결국 끌어당긴 건 나였다.

"원하는 것은 끌어 당겨지게 되어 있더라."

처음엔 "기적"이 찾아오길 바랐다.
어디선가, 우연히 누군가에 의해 나를 데려가 줄 거라고 믿었다.

하지만 시간이 지나고 하나씩 돌아보니, 기적은 늘 내가 먼저 움직인 곳에서 피어났다.

나는 진심으로 말하면 돌아온다는 걸 믿는다.
말은 파동이고 언어는 파급력이다.
"믿지윤"이라는 이름으로 내가 쓴 말들은 계속해서 나를 더 단단하게 만들었다.

"나는 내 감정을 사랑해"
"나는 내가 버텨낸 시간의 전문가야"
"나는 흐름을 읽는 사람이고 구조를 만드는 사람이지"

이런 말들이 쌓이고, 사람들이 그 진심에 반응하고, 나를 그렇게 불러주기 시작했을 때, 나는 비로소 내가 되었다.

누군가는 나를 "따뜻한 전문가"라고 불렀을 때,
"감정이 있는 시장 해설가" 라고 해줬을 때,
"매일의 루틴으로 기적을 만든 사람"이라고 해줬을 때.

그 이름들이,
그 표현들이,
나를 다시 태어나게 했다.

나는 알았다. 끌어당긴다는 건,
마음으로 먼저 도착해있는 것이다.

내가 그 마음에 먼저 도달했기 때문에, 내가 먼저 진심을 살았기 때문에, 내가 만든 에너지에 기적이 스며든 거였다.

그러니 이젠 기다리지 않는다.

내가 만든 말들로, 내가 만든 에너지로, 내가 만들고 싶은 세상을 먼저 살아간다.

그게 바로 복리처럼 커지는 믿음이고, 조용한 기적의 또 다른 이름이다.

6.
불안할 땐, 잠시 멈춰도 괜찮아.

"괜찮지 않아도 괜찮은 날들"이 결국 나를 데려왔다.

사람들은 흔들릴 때, 더 열심히 하려고 한다.

더 채워야 할 것 같고,
더 강해져야 할 것 같고,
지금 멈추면 다 놓쳐버릴 것 같아서,
불안 속에서 허겁지겁 달려간다.

나도 그랬다. 불안은 언제나 "행동하라"고 속삭였고,
나는 그 말에 휘둘리듯 뭔가를 계속했다.
그게 투자든 인간관계든,
불안은 늘 나를 움직이게 만들었다.

그런데, 가장 힘들었던 어떤 날, 나는 그냥 멈춰졌다.

뭘 해야 할지 몰라서 멈춘 게 아니라, 지금은 뭘 해도 안 될 것 같아서, 그저 멈췄다.

그리고 그 멈춤 덕분에 나는 돌아올 수 있었다. 훨씬 단단한 나로, 훨씬 덜 흔들리는 나로, 지금은 알 것 같다.
불안할 땐, 잠시 멈춰도 괜찮다는 걸.
그 순간의 멈춤이 오히려 더 긴 흐름을 지켜주는 기법이라는 걸.
주식도 그렇다.

하락장이라고 손해에 다 팔아야 하는 건 아니고,
횡보장이라고 본전에 다 팔아치워야 하는 건 아니다.
조정의 순간은, 나의 중심을 재점검하는 구간이고,
그 안에서 "버틴다"는 건 아무것도 안 하는 게 아니라,
내가 만든 원칙을 고요히 확인하는 일이다.
멈췄기에 돌아올 수 있었고, 기다렸기에 다시 기회를 잡을 수 있었다.

감정도, 주식도 마찬가지였다.

7. 인생도 탑다운으로 산다.

"되는 척 되는대로 살아보고 선택하자"

시황을 볼 때 나는 언제나 탑다운 방식으로 시장을 읽는다.

이슈를 단순하게 주가 방향의 원인으로 받아들이지 않고, 주가 움직임의 명분으로 활용한다.

큰 흐름을 보고, 그 안에서 구조를 찾고, 그 구조 안에서 종목을 고른다.

국면이 다르면 전략도 달라야하니까, 같은 종목이더라도, 금리 사이클이 다르고, 정책방향이 다르고, 시장 심리가 다르면 대응법은 완전히 달라진다.

그런데 어느 순간, 나는 나의 인생도 탑다운으로 살고 있다는 걸 깨달았다.

어떤 사람이 되고 싶은가?
어떤 철학으로 살고 싶은가?
어떤 리듬으로 버티고 싶은가?

이 질문들이 내 투자 기준이 되었고, 내 인간관계의 기준이 되었고, 내 삶의 프레임이 되었다.

지금 당장의 감정에 휘둘리지 않고 더 크고 단단한 방향을 먼저 그려 놓으면, 그 안에 오늘 하루도 지금 이 선택도 놓일 수 있다.

예를 들어서 나는 복리로 성장하는 사람이다. 라는 철학을 정하면, 그 안에 들어오는 인간관계도, 말투도, 컨텐츠도, 투자도 자연스럽게 정돈된다.
즉 나는 무엇을 하느냐 보다 어떻게 살아가느냐에 더 많은 기준을 둔다.
마치 시장을 분석하듯 인생의 큰 흐름을 먼저 보고 그 안에 나를 위치시키는 삶.

그것이 내가 선택한 가장 지혜로운 투자법이자 가장 평온한 삶의 방식이다.

그러니 오늘 마이너스에 너무 속상해하지 말자.

그건 아직 작은 그림속의 한 부분일 뿐이니까.

현재 흐름 안에서는 지금의 고통조차도 성장의 자산으로 변한다.

나는 주식도 일도 사람도 크게 보고 기준을 세우고, 그 안에 나를 단단히 위치시키는 거, 그게 진짜 탑다운이고, 그게 진짜 성장이다.

PART 7. 끊어야 보이는 자리

"끊고 나서야 보이는 자리들"

1.
지지선인줄 알았는데, 저항이었다.

"나를 오히려 흔들던 관계의 민낯"

주식에서는 흔히 말한다.
"여기가 지지선이다. 이 자리는 지켜줄거다."

그러다 막상 밀리면?
그 자리가 오히려 더 큰 하락의 시작이 되기도 한다.
관계도 그랬다.

나는 믿었다.
그 사람이 내게 해준 조언,
그 사람이 내게 해온 행동,
내가 어떤 걸 성취해 나갈 때 곁에 있었던 모습.
내가 힘들 때 옆에서 "괜찮아" 해줬던 말들.

하지만 돌이켜보면, 그들은 나의 상승을 돕기 위한 매수세가 아니었다.
그저 내가 수익이 나길 바라는, 자기 몫을 기대하는 보유자였을 뿐이다.

주식처럼,
사람도 자신의 위치가 무너지려 할 때 진짜 얼굴을 드러낸다.
내가 자리를 뜨려 하자 그들은 말한다.
"니가 여기까지 온 게 누구 덕인데"
"감사한 줄도 모르고 배은망덕하네"
"너 나 없이 뭘 할 수 있는데?"

그건 애정도, 충고도 아니었다.
그들이 잃고 싶지 않은 "나의 가치" 에 대한 통제였고 협박이었을 뿐이다.

내가 깨달은 건 이거다.

잘못된 관계는, 정리하지 않으면 계속 물린다.
이익을 준 줄 알았지만, 사실은 수익실현 없이 마이너스만 커져가는 관계였다.

주식은 알고 물리는 자리를 명확하게 알지만, 사람은 알고 물리는 자리를 알 수 없다.

그래서 나는 손절했다.

그것도 최대 손실구간에서.

"왜 이제야 나왔냐"라는 말도 들었다
"그때 잘라야 했지"라는 말도 들었다.
"너만 몰랐어 바보야"라는 말도 들었다.

하지만 난 이제 안다.
손절도, 회복도, 결국은 내 리듬에서 시작된다는 걸

정리하고 보니 다시 구조가 보이기 시작했다.

내 마음이 편해지고,
내 하루가 단순해지고,
내 선택이 선명해졌다.

가장 큰 변화는?
이제 나를 마치 종목처럼 분석하고 평가하던 그들의 목소리가 내 삶에서 더 이상 영향력이 없다는 것.

어느 책의 문단이 생각난다.

"토 나와 이제 그만해"
TONAWA(Talk Only No Action With Appraisal)
나약한 그들에게 외치자. 말만하고 행동은 없는 평가쟁이들아 그만해.

2. 끝까지 남아준 사람들

"손절한 후에야 보이는 관계의 진짜 구조"

사람도 주식처럼, 한참 흔들리고 나서야 진짜 흐름이 어떤 방향이었는지 보이기 시작한다.

그때는 몰랐다.
함께 있었던 것처럼 느껴졌던 사람,
내가 성공할 때 박수쳐준 사람,
나를 위해 조언해준다는 명목으로 내 꿈을 깎아내린 사람들.

그 중 절반은 내가 나아가는 속도가 그들의 기준에 벗어날까봐 불편했던 것이다.

손절하고 나니 보였다.
나는 혼자일 줄 알았는데, 그 자리에 여전히 묵묵히 웃어주고 있던 얼굴들이 있었다.

조용히 내 콘텐츠에 댓글을 남겨주던 이름 없는 사람들.
내가 틀렸을 때도 기다려준 시청자들.
"괜찮아 너는 잘 하고 있어" 한 마디로 나를 붙잡아준 단 한사람.

주식으로 말하자면, 거래량이 많지 않더라도, 지속적으로 매수해주는 든든한 장기 보유자 같은 존재였다.

반등은 항상 그 자리에 가만히 있어준 포지션에서부터 시작된다.
수렴의 구간을 오랫동안 버티다가 시작된다.

그건 숫자로 찍히지 않아도, 계좌의 기초 체력을 만들어주는 기술적 지지선이었다.

사람도 그렇다.
화려하진 않아도, 그저 내가 나일 수 있게 해주는 사람.

그런 사람 하나면, 다시 시작할 수 있다는 걸, 나는 경험으로 알게 됐다.

그리고 그 중 한명은 늘 뒤에서 조용히 지켜봐주던 나의 엄마였다.

내가 잘 될 때도,
못 될 때도,

세상이 흔들릴 때도,
스스로 흔들릴 때도,
엄마는 늘 내 편이었다.
시장 한복판에서 이리저리 치일 때, 토 나오는 인간들 사이에서 이리저리 휘둘릴 때, 엄마는 조용히 말했다.

"잘 버텼다. 지금도 잘 하고 있어"

그 한마디가 세상의 수천 개 리포트보다 강했다.

그래서 나는 확신한다.

관계는 많이 있는 게 아니라, 제자리에 있는 사람이 전부라고.

3. 나를 닮아가는 아이, 사랑을 닮아가는 성장

"나는 아이에게 주식보다 사랑을 가르치고 있다"

나는 매일 시장을 본다. 지수를 체크하고, 종목을 추리고, 흐름을 읽는다.
그런데 어느 날 문득 깨달았다.
진짜 중요한건, 이 모든 걸 보고 있는 내 아이의 눈이라는 걸.

어느 날, 아이가 물었다.

"엄마, 왜 맨날 혼자 웃으면서 떠들어?"
"엄마, 왜 맨날 컴퓨터랑 핸드폰 보면서 웃어?"
"엄마는 왜 맨날 숫자를 적어?"

순간 나는 멈칫했다.
나는 계좌를 보기 위해 앉아 있었지만, 아이의 눈에는 내 일상이 사랑처럼 보였던 것이다.

주식을 알려주기보다, 나는 살아가는 방식을 보여주고 싶었다.

매일 꾸준히 일하는 것.
마이너스가 나도 무너지지 않는 것.
작은 수익에도 기뻐하는 것.
실수했을 땐 다시 정리하고 돌아오는 것.
그리고 무엇보다, 나 자신과 내 사람을 소중히 여기는 것.

이건 차트나 기술로 배울 수 없는 진짜 수업이었다.

아이에게 "부자가 되자"라고 말한 적은 없다.
하지만 "지켜야 할 게 있는 사람이 되자"고는 자주 말했다.
사람도, 마음도, 계좌도, 흔들려도 지킬 줄 아는 사람이 되자고.

아이는 요즘 종종 내게 이런 말을 한다.
"엄마, 나도 엄마처럼 되고 싶어"

그 말이 계좌에 찍히는 수익률보다, 훨씬 나를 더 울컥하게 만들었다.

나는 주식을 하면서 배운 것들을 아이에게 "사랑"의 방식으로 전하고 있다.

결국 내 인생에서 제일 오래 남는 수익은 차트가 아닌, 사람에게 남긴 영향력이라는 걸 아니까.

4.
기다려 주는 사랑이 있다는 건, 세상에서 제일 강한 힘이다.

"나의 1호 팬, 엄마"

나는 가끔 생각한다.
누가 내 인생을 가장 가까이서 지켜봐 줬을까.

실패했을 때도, 무너졌을 때도, 말하지 않아도 다 알아주던 사람.

조용히 기다려주고, 내가 나로 다시 돌아갈 때까지 묵묵히 곁을 지켜준 사람.

그건 바로, 엄마, 아빠였다.
주식은 늘 변한다.
올랐다가, 빠졌다가, 흔들리다가, 다시 돌아오고.
그래서 우리는 조급해지고, 늘 무언가를 쫓게 된다.

그런데 엄마는 달랐다.
엄마는 쫓지 않았다.
그냥 기다려줬다.

"잘 되겠지"
"나도 신난다"
"힘 내자"

이 몇마디가
수십개의 재료 뉴스보다 강한 신호였다
아무리 시황이 안 좋아도, 엄마의 말은 내 계좌와 내 마음을 지탱하는 가장 따뜻한 버팀목이었다.

나는 한번도 엄마가 나를 자랑스러워하지 않을까 걱정해본 적이 없다. 왜냐면 엄마는 내가 성공했기 때문에 자랑스러운 게 아니라, 나이기 때문에 자랑스러워하는 사람이니까.

세상에는 두 종류의 팬이 있다.
성공하면 박수 쳐주는 사람.
그리고 실패해도 등을 두드려 주는 사람.

엄마는 내 인생의 1호팬이다.
성공 전부터 내 가능성을 믿어준 유일한 사람.
늘 나의 그릇이 크다고 말해준 사람.

심지어 그 가능성을 내가 보기 전부터 믿고 있었다.

나는 이제 안다.
주식이든 인생이든
결국 한 사람이라도 나를 믿어주는 존재가 있다면, 다시 일어설 수 있다는 걸.

그리고 그 믿음이 기적의 복리처럼 자라서 이 책을 쓰고 있는 지금까지 이끌어줬다는 걸.

5. 사랑하는 사람과 사랑하는 일을 하며

"나는 밥도 살림도 할 줄 몰랐지만.."

나는 살림을 아예 못했다. 많이 서툴렀다.
밥도 못했고, 국 하나 끓일 줄 몰랐다.

냉장고에 뭐가 있는지도 몰랐고, 그걸 챙겨주는 사람의 노고는 오히려 너무 당연하게 여겼다.

그 사람이 나의 "엄마" 였기에.

"밥은 나중에 먹지 뭐"
"그냥 다 사서먹자 요즘은 사먹는 게 더 잘나와"
"내가 다 정리할게 잔소리 하지 마"

그렇게 나는 나를 돌보는 법도, 누군가의 수고에 감사하는 법도 너무 늦게 배웠다.

대신 나는 시장을 돌봤다.
수급표를 읽었고, 방송 준비는 누구보다 열심히 했다.

"잘하는 일"에 집중하는 동안, "살아내는 일"은 늘 뒤에서 엄마가 감당해주고 있었다.

내가 처음 책을 쓴다고 했을 때, 엄마는 말없이 끼니를 챙겨줬고, 새벽 내내 시끄러울 텐데도 불을 켜 주었다.

내가 외국여행을 간다고 했을 때, 아이를 아무렇지도 않게 맡아 줬다.
내가 방송 출연이 잡혔다고 말했을 땐, 본방송 시간까지 정확히 기억해 주며, TV 앞에 하루도 빠짐없이 앉아 있었다.

항상 옆에 있었지만, 한 번도 무게를 주지 않았던 사람.
그게 내 엄마고 아빠였다.

나는 이제야 안다.
사랑이란 건
"거창한 표현" 보다
"묵묵한 반복"이라는 걸

그래서 나는 지금 사랑하는 사람들과 사랑하는 일을 하며 누군가의 희생 위에 선 내 삶을 조금 더 따뜻하게, 정성껏 살아가고 싶다.

내가 요리하지 못했던 시간들, 살림을 몰랐던 어리석음, 그 모든 게 이제는 "감사할 수 있게 된" 지금의 나로 이어졌다.

엄마, 아빠가 지켜준 시간만큼, 이제는 내가 지켜드리고 싶다.
그게 주식보다, 방송보다, 더 중요한 나의 기적이니까

6.
기적은 원래 소란스럽지 않다.

"내 삶의 기술적 반등"은 늘 지금의 조용한 자리였다.

우리는 늘 뭔가 특별한 장면을 기다린다.
계좌가 갑자기 두 배가 오르는 날, 인생이 한 순간에 바뀌는 찬란한 이벤트, 혹은 모든 것이 완벽하게 맞물려 돌아가는 어느 날.

하지만 그런 날은 오지 않았다.
대신 내게 찾아온 기적은 하루하루를 "잘 살아낸 날들"이었다.

주식도 그랬다.
가장 크게 오른 종목은 한 번의 급등보다, 수많은 조정과 횡보 끝에 결국 다시 돌아와 천천히 상승한 종목이었다.

인생도 그랬다.
가장 소중했던 순간은 누군가가 나에게 고맙다고 말해준 하루, 내가 나를 미워하지 않은 하루, 아이의 웃음을 보며 울컥했던 아주 평범한 하루.

그 하루들이, 쌓이고 또 쌓여 결국 여기까지 나를 데리고 온 것이다.

사람들은 기적을 원한다.
하지만 기적은 언제나 소리 없이 온다.

호가창처럼 조용히 움직이고, 마이너스처럼 처음엔 티도 나지 않다가, 어느 날 문득 뒤돌아 봤을 때 분명 "무언가 달라졌구나" 싶은 흐름으로 찾아온다.

나는 이제 안다.
복리는 수익에만 있는 것이 아니라, 사랑에도, 마음에도, 하루에도 있다는 것을.

감사라는 감정하나,
기록이라는 습관하나,
버티는 태도 하나가
결국에는 내 삶의 흐름을 바꾸는 힘이 되었다.

〈조용한 기적〉이라는 이름은 내 인생이 그렇게 달라졌다는 뜻이다.

소란스럽게 바뀐 것이 아니라, 조용히, 그러나 분명히 내가 견디고

써낸 문장들로 나를 바꾼 성장의 이야기다.

그러니 이제는 기다릴 수 있다.
다시 흔들릴 날이 와도,
다시 마이너스가 찍혀도
나는 안다.

기적은 늘, 소란스럽지 않게 천천히, 그러나 분명히 온다는 것을.

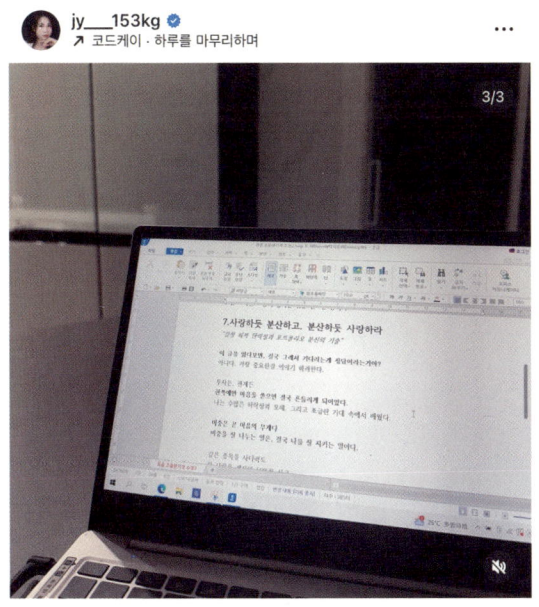

PART 8.
지금, 당신에게 건네는 문장들

"당신의 기적도, 분명히 시작되고 있다."

1. 당신의 시간은 틀리지 않았다

"당신만의 기법으로 살아가세요."

우리는 언제나 결과로 시간을 재단합니다.
"그때 왜 그걸 샀지?"
"그때 팔았어야 했는데"
"그때 공부를 시작했더라면"
"그때 포기하지 않았다면"

그런데 시간이라는 건, 결과에 따라 옳고 그름을 나눌 수 있는 게 아니에요

그 시간은 그저 당신이 살아낸 시간이었을 뿐이죠.

실패든 성공이든, 그 순간의 당신은 최선을 다해서, 있는 힘껏 버텨낸 사람입니다.

주식도 그렇습니다.
고점에서 사든, 저점에서 팔든, 그 시점의 나는 최선을 다한 판단을 했던 거에요.
문제는 시간이 아니라, 그 시간에 나를 탓하는 감정이 계속 쌓인다는 거죠.

지금 이 책을 읽고 있는 당신, 이미 기적의 흐름 안에 있습니다.

눈에 보이지 않을 수 있고, 계좌도 여전히 마이너스 일 수 있어요.
인생도 뭔가 바뀐 게 없어 보일 수 있습니다.

하지만 당신은 이미
한발자국 더 나아왔고,
한 번 더 포기하지 않았고,
한 줄의 문장을 더 읽었고,
한 번 더 계좌를 돌아 봤어요.

그게 복리의 첫 단추입니다.

모든 기적은 "시간"을 믿어준 사람에게 온다.

당신의 시간은 절대 틀리지 않았습니다.

그 시간들이 언젠가 쌓여

당신만의 구조를 만들고,
당신만의 기법이 되고,
당신의 삶의 문장이 되어 줄거에요.

그러니까 지금의 당신을 함부로 의심하지 마세요.
당신은 이미 잘 하고 있습니다.
진짜에요.

2. 마이너스는 지나가는 계절일 뿐

"파란불의 계절을 지나 다시 빨강으로"

계좌에 마이너스가 찍혔다고 해서, 그게 당신의 인생을 말해주는 건 아닙니다.

마이너스는 잠깐 물 빠진 해변 같은 것.
밀물이 빠져나간 그 자리에 다시 파도가 밀려오듯,
계좌도, 마음도, 결국은 다시 차오르게 되어 있어요.

그런데 많은 사람들이 이 마이너스를 "결과"로 착각합니다.

"내가 틀렸나봐"
"난 재능이 없는 거야."
"다신 안 해"

자책만 되뇌입니다.

하지만 나도, 내 계좌가 매일 빨간불이었던 건 아니었어요.
차라리 매일 파란불이었던 날들이 많고, 지금도 그렇습니다.

그 파란색이 내 멘탈을 갉아 먹고, 내 자존감을 무너뜨릴 것처럼 덮쳐올 때도 있었어요.
그 때마다 나는 이렇게 되뇌었습니다.

"마이너스는 감정이 아니라, 시스템으로 이겨내는 거야."
"서핑은 큰 파도에서 타야 진짜 재밌는 법"

감정은 당연히 흔들릴 수밖에 없습니다.
하지만 시스템은 흔들리지 않아요.

기록하고 복기하고,
내가 왜 이 종목을 샀고,
왜 이 자리에서 기다리고 있는지를 논리적으로 정리해두면,
불안은 줄어들고 계좌는 다시 돌아오기 시작합니다.

마이너스는 나를 나아지게 하는 정직한 경험입니다.
그 시간을 지나온 사람은 절대 쉽게 무너지지 않습니다.

복리처럼 쌓이는 건 수익뿐만이 아니에요.

버텨낸 시간, 실패의 복기, 그리고 다시 해보려는 용기

이 모든 것들이 당신의 "총 수익률"입니다.
그러니까 마이너스를 두려워하지 마세요.

그건 지나가는 계절일 뿐, 그리고 당신은 다시 봄을 맞이할 사람들이니까요

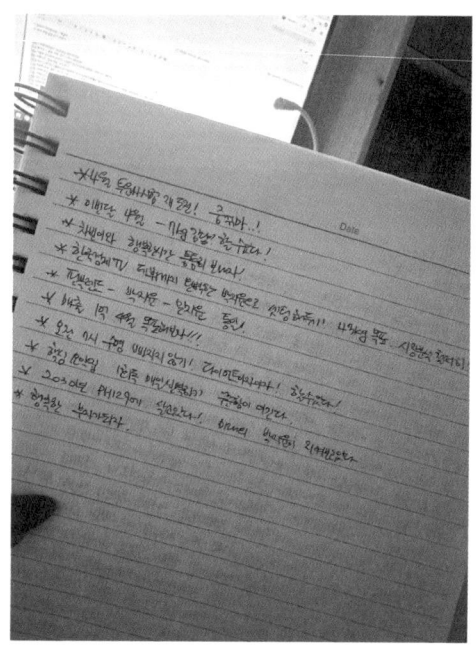

3. 먼저 시작한 사람이 결국 다 이긴다.

"완벽하지 않아도, 지금 바로 시작해도 됩니다."

당신..혹시 지금 이런 생각을 하고 있진 않나요?

"아직 준비된 거도 없고.."
"전문성도 없고.."
"조금 더 여유 있을 때 시작해봐야지.."

저도 그랬어요.
실은 저는 아무런 자격도 없이 방송에 먼저 나왔던 사람입니다.
전문가라고 불렸지만, 증권사 라이센스도 없었고, 경력도 화려하지 않았고, 지금 돌이켜보면 아무것도 없는 상태에서 그저 "말을 시작"했을 뿐이었습니다.

그런데 신기하게도 사람들은 저를 기다려 주었습니다.

저의 감정과 언어, 제가 매일 체감한 시장의 온도, 그걸 "내 말"로 전했을 뿐인데,

사람들은 그 안에서 제일 진짜 같은 전문가를 봤다고 했습니다.

전문성은 말할 자격이 아니라, 말하는 용기에서 시작됩니다.

완벽해지려다 시작을 못하는 사람보다, 불완전한 채로도 시작한 사람이 결국 더 멀리 갑니다.

세상은
정답보다 진심
학위보다 경험
경력보다 실행을 먼저 봅니다.

이제 저는 "제도적인 시스템"만 통과하면 완전히 증명된 전문가가 됩니다.

하지만 저는 지금도 이미 '민지윤' 이라는 이름으로 살아가고 있어요.

누구보다 나답게, 누구보다 진심으로.

그리고 그 이름은, '잘해서'가 아니라 '먼저 시작했기 때문에' 가능했던 거에요.

그러니 이 글을 읽고 있는 당신, 완벽한 준비가 될 때까지 기다리지 마세요.

지금 가진 감정, 지금까지의 경험, 지금까지 살아온 시간이 이미 가장 강력한 자격이 되어줄 겁니다.

저도 그렇게 시작했어요.
당신도 충분히, 지금 이 자리에서 "당신만의 언어로" 증명될 수 있어요.

지금 바로 당신의 첫 문장을 세상에 들려 주세요.
시작은, 언제나 진심으로부터 완성됩니다.

4. 성장하고 있다는 증거는 혼자 있는 시간에 있다.

"단단한 사람은 남을 탓하지 않는다."

어느 날 갑자기, 모든 것이 잘 안풀릴때가 있어요.

수익도 안 나고, 관계도 꼬이고, 아무도 나를 이해해주지 않는 것 같고, 그럴 때, 우리는 종종 "환경""이나 "사람"을 탓하고 싶어집니다.

하지만 그런 순간일수록 더 조용히 나를 들여다 보세요.
나는 왜 이런 선택을 했을까?
나는 지금, 무엇에 흔들리고 있을까?

누구나 실수하고 누구나 넘어집니다.

하지만 결국 중요한건 그 이후에요.
남 탓을 해도 상황은 안바뀝니다.

그런데 내 마음을 다잡고, 내 구조를 정비하면
어느새 시장도, 관계도, 흐름도 다시 돌아오기 시작하더라구요.

제가 그걸 알아요.
수없이 계좌가 흔들리고 내 위치가 흔들릴 때
"이 종목 때문이야" "저사람 때문이야" 탓하고 싶었지만, 결국 해결책은 내 안에 있었다는 걸요.

탓을 멈추고 나를 돌아보는 순간, 진짜 전문가가 되어가는 길이 열렸습니다.

단단한 사람은 상황을 탓하지 않아요.
자기만의 구조를 다지고, 흔들리는 상황 속에서도, 다시 중심을 찾는 연습을 하지요.

누가 뭐래도 내 중심은 내가 지켜내야 합니다.
시장은 계속 변하고, 사람들도 계속 바뀌거든요.
그럴수록 중심은 더 깊어져야합니다.
흔들릴수록 당신의 뿌리를 더 단단히 내리세요.

5. 오늘의 나를 다정하게 바라보는 연습

"충분히 잘 하고 있어요." 라는 말이 필요할 때

하루에도 몇 번씩 자신을 미워하게 될 때가 있습니다.
"왜 이것밖에 못할까"
"왜 진전이 없을까"
"왜 나만 안되는 것 같지"

그 마음 저도 너무 잘 압니다.
저도 매일 그런 마음을 지나왔으니까요

특히나 숫자로 평가받는 이 시장에 있다 보면, 성장보다 성과에 더 목말라지는 순간들이 생기거든요

하지만 저는 말하고 싶습니다.

우리는 "하루하루"로 만들어지는 존재입니다.

크게 성장하는 사람은, 대단한 일을 한 게 아니라, 작은 하루를 잘 견뎌낸 사람이더라구요.

수익이 없던 날도, 관계가 힘들던 날도, 그 하루를 버티며, 자신을 다독인 사람이 결국 스스로를 구해냅니다.

저는 항상 스스로에게 인사해요.

"오늘도 파이팅"
"오늘도 가즈아~."
"오늘도 할 수 있다"

이건 단순한 위로가 아니에요.
이 말 하나가 내 내일을 바꿉니다.
자존감을 키우고 다시 도전할 용기를 주며, 오늘을 최고로 만들어 줄꺼에요.

그러니까 오늘의 당신에게도 이 말을 건네고 싶어요.

"충분히 잘 하고 있어요."
"그 자리에서 그렇게 버티고 있는 것만으로도, 이미 대단해요"

6. 당신의 기적은, 생각보다 가까이 있다.

"기적은, 이미 당신 안에서 시작되고 있어요."

책을 다 읽고 난 지금,
혹시 당신은 아직도
"나는 될 수 있을까?"라고 묻고 있을지도 모릅니다.

괜찮아요. 그 마음도 자연스러워요. 인정해주세요.
사실 우리 모두는 늘, "가능성"과 "의심" 사이를 오가며 살아가니까요.

하지만 저는, 지금의 당신이 기적의 시작점에 있다고 믿습니다.

왜냐하면, 지금 이 책을 읽고 있다는 것만으로도, 당신은 스스로를 믿고 싶은 사람이라는 뜻이니까요.

기적은 멀리 있는 게 아닙니다.
아주 작고 조용하게 당신 안에서 이미 시작되고 있어요.

그건 의심이 아닌 선택으로, 불안이 아닌 루틴으로, 후회가 아닌 반복으로 조금씩 모습을 드러내 줄거에요.

부디, 그 길에서 너무 조급해하지 말고, 한 발 한 발, 당신의 걸음으로 나아가기를..

지금 이 순간의 당신이 곧 누군가의 희망이 될 테니까요.

"청춘, 푸를청, 봄 춘, 푸르름을 볼 수 있는 청춘의 시선으로 펼쳐질 그 가능성의 블루오션.. 곧 당신에게도 펼쳐지길 기원해요"

제가 선물 받은 소중한 문장을 여러분들께도 전달합니다.

에필로그

조용한 기적은 늘, 가장 가까운 현재에서 시작된다.

사람들은 자기가 왜 그 주식을 샀는지도 잊은 채 살아간다.
막연한 기대, 순간의 감정, 누군가의 말 한마디.
수익이 나면 "좀 더 기다릴 걸" 아쉬워하고,
놓치면 "그때 살 걸" 후회한다.

기다림은 언제나 늦고, 선택은 늘 흔들린다.
그리고 마음은, 점점 조급해진다.

그런데 그 마음… 꼭 주식에서만 그러던가?
우리는 인생에서도 늘 그렇게 살아 왔다.

과거는 아쉬웠고, 미래는 두려웠다.
그래서 지금을.

지금 이 순간을 좋아하는 법을 잊고 말았다.

하지만 이제는 안다.
좋은 수익도, 좋은 하루도, 결국엔 '기다림'이라는 시간 위에서만 피어난다.

충분히 기다리면,
꽃은 제철에 피고,
주가는 제자리를 찾아가며,
마음도 자기 방향을 안다.

기적은 시끄러운 곳에 있지 않다.
기적은 늘, 묵묵히 기다린 사람 곁에 조용히 찾아온다.

나는 한때 매일 흔들렸다.
마이너스 난 계좌를 보며 '내가 틀린 걸까?'
수십 번 되묻기도 했다.

하지만 이제는 안다.
"기다릴 줄 아는 사람만이, 첫사랑의 자리를 다시 만난다."

모든 것을 첫사랑처럼 대하자.
재지도 말고, 따지지도 말고, 계산하지도 말고, 합리화하지도 말자.

함부로 섞지도,
쉽게 지워버리지도 말자.
그 존재 그대로를 바라보자.
지켜보자. 기다리자. 믿어보자.

첫사랑은 완벽해서 특별했던 게 아니다.
그저 있는 그대로를 사랑했기에, 특별했던 것.

주식도, 사람도, 하루하루도
그렇게 다시 처음처럼, 소중하게 바라본다면,
우리의 삶은 언제든,
기적처럼 다시 시작될 수 있다.

감사하자.
지금 내가 사랑하고 있는 이 모든 것들에.
기적은 늘,
그 곁에서 자라고 있었다는 걸.

…이렇게 쓰고 나니,
문득 나의 첫사랑은 누구였을까.
그 순간은 어떤 장면이었을까.
그때 나는 어떤 마음이었을까 떠오른다.

그 모든 생각은 결국, 과거를 향한 물음표였다.

우리는 늘 순수했던 감정을 지나간 것이라 여겨왔다.
하지만 이제야 알겠다.

내가 바라보고 있는 이 순간,
지금 이 하루,
이 계좌,
이 시장,
그리고 지금의 나.

지금 이 모든 것이 사실은 늘 '첫사랑'이었다.

과거가 특별했던 게 아니다.
내가 그때의 마음으로 지금을 대하지 않았던 것뿐.

그러니 이제는 지나간 첫사랑을 그리워하지 말고,
지금 이 순간을, 첫사랑처럼 바라보자.

조금 더 조심스럽게,
조금 더 감사하게,
계산 없이,
조건 없이.

기적은 늘,
이렇게 가장 가까운 현재에서 시작된다.

##이 책을 읽고 있는 당신에게

혹시 지금, 마음이 조금 지쳐있더라도 괜찮아요,.
속도가 느려도 괜찮고, 남들보다 돌아가도 괜찮고,
어딘가에서 잠시 멈춰 서 있어도 괜찮아요.

중요한건, 당신이 멈추지 않고
자기 삶의 리듬을 따라
조용히, 그러나 성실히 걸어가고 있다는 사실이에요.

수익이 나지 않아도, 성과가 안보여도,
마음이 휘청거려도, 복리처럼 쌓이는 당신의 하루는
결코 헛되지 않아요.

기적은 갑자기 오는 게 아니라 당신이 버텨온 그 시간안에
이미 있었던 거니까요.

그러니 부디, 자신을 너무 몰아세우지 말고
지금의 당신을 좀 더 사랑해주세요.

그 마음이 언젠가
당신이 지금 이 책을 펼쳐들었던 이유가
"나 그때도 잘 버텼구나."라는 확신으로 바뀌어 있을 거에요.

당신의 하루가 조용한 기적으로 채워지기를.

늘, 첫사랑처럼,
늘 당신답게

- 민지윤 드림

조용한 기적

2025년 8월 25일   인쇄
2025년 8월 30일   발행

지은이   박 지 윤
발행처   민 지 윤
발행인   박 지 윤
편집디자인 이 현 숙
인 쇄   애 드 킨 [02) 2277-1281]
출판등록   제2025-000078호
F A X   02) 2279-7973

ISBN 979-11-994245-5-5

이 책의 내용을 무단 복제하는 것은 저작권법에 의해 금지되어 있습니다.
파본이나 잘못된 책은 구입하신 곳에서 교환해드립니다.